遠藤 直哉

法動態学講座 3
新弁護士業務論
警備業・不動産業・隣接士業との提携

── 違法駐車取締から AI 法務まで ──

信山社

はしがき

　弁護士法 72 条は，弁護士は「法律事件に関する法律事務」を独占すると規定しています。弁護士でない方々が，第三者から委託を受けて法律事務を行うと，弁護士会から呼び出されて警告を受けます。これに従わないと告発され，非弁護士活動として，刑罰をうけます。しかし，人々の活動は多様化し，弁護士以外の皆様も様々な形で法律事務に関わる機会が多くなっています。

■警備業・不動産業など

　警備業者や不動産管理業の方々は，委託を受けて，警備や建物の管理をして安全を確保しています。しかし，万引や器物損壊者に交渉して，賠償金を支払わせてよいか，支払わせたら 72 条に違反しないか，という問題が生じます。刑罰を受けないで事業をできる範囲をきめる必要があります。現実には，警備業や不動産業などでは，請求行為や簡単な交渉が行われています。これらは定型的，簡易な，大量な，少額の案件です。弁護士はそのような分野をする程の人数も多くなく，弁護士がわざわざする必要のない業務です。多数の業者に任せましょう。弁護士はこのような業者の方々の顧問として助言をするなどの提携をします。弁護士総体が顧問弁護士として監督できているので，弁護士法 72 条違反とすべきでありません。紛争やトラブルがあっても法的事件性のある法律事務ではなく，事実的な事件性にすぎないからです。しかし，平成 29 年に違法駐車取締をしていた会社と幹部が，72 条

はしがき

違反で京都地裁に起訴されました。違法駐車する悪い者を説諭し，料金や実費を払わせ，駐車場経営者や警備会社から大変感謝されていました。まるで正義の味方アンパンマンのような仕事をしていました。しかし，世界でも過去に例のない初めての起訴となりました。筆者らの事務所で弁護を担当し，現在，最高裁での無罪をとるべく頑張っています。以下「京都事件」と言いますが，第2章第1の2で，詳述します。

■隣 接 士 業

弁護士以外に法令を扱う隣接士業として，司法書士，税理士，弁理士，社会保険労務士，行政書士などが活動しています。隣接士業の方々は，書類作成業務の委託を受ける業種ですが，多様な法的な書類を扱います。すなわち，本来は弁護士が扱うべき業務を特別に例外的に許容されているものです。それゆえ，どこまで法律事務を拡大できるかは，限界がはっきりしない面があり，長年にわたり課題となってきました。隣接士業の団体は，その拡大を主張され，弁護士会が反対を続けてきました。そこで，司法改革審議会の意見書では，弁護士が増員されるまで，弁護士が隣接士業の方々と協働することを求めました。

弁護士はここ15年間で倍増し，約4万人となりました。国民の皆様は，以前より弁護士に依頼しやすくなりました。隣接士業とすべて合計すると約24万人以上となり，皆様も依頼する場合に，どちらに頼むのか迷われることもあるはずです。迷われるときには，なるべく弁護士にご相談いただくという時代になりました。弁護士は，国民の皆様のために隣接士業の方々と協力しながら，

積極的に隣接業務を扱います。元々，弁護士を増員したことは，国民が法律家に依頼するときに，迅速に，安く，労力をかけずに，できる限りよい結果を得られるためでした。法律に関する士業が6つも乱立し，国民は二重，三重に先生の所を回らなければなりません。国民の皆様は，めんどうくさいと思っていますので，いずれは統一すべきでしょう。

■コンサルタント業務

現在では，様々なコンサルタント業が活動しています。上場企業からいわゆるブローカーといわれる方々まで様々です。弁護士法に違反しないで商売する方法はどうすればよいのか，弁護士と協働するにはどのような形で行うのかが問題となります。

ビジネスの世界では，コンサルタントが案件の成功に向けて，双方（または複数）の仲介をしつつ，双方から多額の報酬をとって，業務を拡大しています。弁護士は双方代理ができないため，これをしません。しかし，遠藤の提唱した中立的調整行為論（仲裁行為）で積極的に進出する時代になりました。

■法動態学からの提言

弁護士法72条は，30年前まではあまり使われず，極端にいえば死文化していたといってもよいでしょう。暴力団の取り立て，事件屋の事業への介入などやりたい放題だったといっても過言ではありません。なぜなら，弁護士が約1万人しかいなかったから，弁護士に頼むより，半分とられても早く解決できればよいと考えられていました。しかし，15年前から弁護士は2倍となり，逆

に暴力団には接触してもいけないようになりました。社会が激変したわけです。

そこで，法の運用も社会に合わせて変えていかなくてはなりません。どの方向に変えるか，どのように変えるか，を研究し，広めるのが法動態学です。72条については，新しい法の解釈が要求され，いくつかの立法がされている分野です。これを整理して，事業者，隣接士業，弁護士の皆様に提示し，国民の皆様も依頼する上で考慮していただくものです。また，弁護士会でも，長期的展望をもって，国民の利益になるように，利用しやすい士業の在り方，業務提携の方法，法曹教育の改革に取り組んでいかなければなりません。

■弁護士は隣接士業分野に参入しよう

隣接士業は，準法曹と呼ばれることもあり，弁護士の代わりに簡単な法的事務を行ってきました。これに対して，司法改革審議会の意見書は，弁護士の増員を謳いました。その時弁護士の数を，順次増加させるにつれて，隣接士業の数を順次減らして行く政策をとるべきだったと思います。この点は，実に不思議な失敗だったと思います。なぜなら，弁護士の増員は，急激にはできないとの理由で，約10年間の暫定措置として隣接士業の権限を強め，数も増やしたからです。その後隣接士業は，約3割増加しました。現在では，増えすぎた為に，合格者数を絞り，合格率が相当に下がっています。結論として，弁護士も隣接士業も過剰となり，未だに弁護士の隣接士業分野への参入は進んでいません。

はしがき

■弁護士が隣接士業分野を取り扱うべき理由は何か

隣接士業は，弁護士とは異なる独立した分野と見られています。税理士―税務，弁理士―知財，司法書士―登記，社会保険労務士―給与や年金の計算，行政書士―行政申請書類の作成などです。

これらの業務は，定型的な書類作成であるから，弁護士業務ではないと考えられています。隣接士業は，いわゆる事件性のある法律事務を取り扱うことはできません。そこで上記のような，定型的な書類作成や申請手続に限定されるわけです。しかし，隣接士業は，依頼者から法律相談を受けることから始めます。それゆえ法的知識があるものであればあるほど，業務に熱心であればあるほど，通知を出したり，交渉したり，訴状を書いてあげることになります。

隣接士業に代理権限を与えた分野は，税理士，弁理士，司法書士です。一定の制約の下に，訴訟の代理までできるようにしてしまいました。このような状況は，依頼者たる国民に適切な法律サービスをする点で，極めて不都合な状況と言えます。交渉や紛争は，法的な知識のある弁護士が行うのが適切です。また，何よりも，現状の手続が妥当でないので，改善しなければならない場合には，弁護士がこれを担当しなければなりません。また，人権侵害や社会正義に反する場合は，弁護士がこれを扱う必要があります。

■弁護士は，隣接士業の資格を標榜しよう

弁護士は，隣接士業の各試験に合格しなくても，その資格を認められています。しかし，その隣接士業の名前を名刺に書くこと，つまり資格を標榜することは，税理士会や弁理士会などの団体に

はしがき

入会しなければなりません。入会して，資格を標榜しなければ，一般の人々に伝達されず，その依頼が来ないので，業務は増加しません。そこで，弁護士が，各団体に入会して，資格を標榜し，業務を行えば，国民のために，簡単な書類作成から，複雑困難な案件まで，連続して扱えるので，便利になるわけです。現状では，労働者の解雇を1つとってみても，社会保険労務士に相談し，税理士や行政書士に依頼し，その後弁護士に依頼することになる場合もあり，時間，労力，コストがかかります。

■隣接士業の会費分を，弁護士会会費から控除しましょう

弁護士が，隣接士業の団体に，加入した場合には，その会の会費の負担がかかります。弁護士会会費は，高額なので，この二重の負担は大変です。そこで，弁護士会会費を隣接士業の会費分について，削減するべきです。このようにすれば，弁護士が，隣接士業分野に参入することは円滑にできます。各団体の会費の額が，均一でなく，事務処理が大変であるならば，弁護士会会費を，一律に3分の1か，2分の1に削減することも簡便といえます。この場合には，一般会員よりも，合計の会費が安くなることもあります。

しかし，弁護士会が，この政策を誘導するためであり，合理性や正当性があると考えられます。このような強力な政策を打たないと，弁護士は，隣接士業分野に参入しません。

弁護士増員派は，隣接士業分野への参入を謳いません。弁護士減員派は，隣接士業の現状を認めつつ，弁護士数を減らせと主張します。両方の意見は，法律を扱う者を，全体的に捉えずに，表

はしがき

面的な意見に終始しているため，全く説得力を持ちません。日本
弁護士連合会も，各単位会でも，上記政策をとらずに，蛇行して
いると言わざるを得ません。

　2019 年 1 月

遠藤直哉

目　次

はしがき (iii)

序論　**弁護士法72条概説** ……………………………………… 3

 1　条　　文 ……………………………………………… 3

 2　立法趣旨 ……………………………………………… 4

 3　弁護士法72条違反の要件 ………………………… 4

  ⑴　「報酬を得る目的」及び「業としてなされること」 ……………………………………………… 5

  ⑵　「法律事件」 ………………………………………… 5

  ⑶　「法律事務」 ………………………………………… 6

 4　判例 (巻末一覧表) ………………………………… 6

 5　本書の要旨 …………………………………………… 7

第1章　**社会変動と歩むべき弁護士法72条** (総論) …… 15

 第1　72条昭和型から72条平成型への社会変動 …… 15

  1　要　　旨 ……………………………………………… 15

  ⑴　72条昭和型 (72条解説図①) ………………… 15

  ⑵　72条平成型 (72条解説図②) ………………… 16

  ⑶　管理業の発展 ……………………………………… 16

  ⑷　サービス業の発展 ………………………………… 18

  ⑸　法律事件への適用 ………………………………… 18

  ⑹　管理定型型 (法律事件でない) ………………… 19

  ⑺　緊急定型型 (法律事務・法律事件でない) ……… 19

  2　社会変動に対応する72条の運用 ……………… 19

xi

目　次

⑴	72 条昭和型 ………………………………	19
⑵	移 行 期 …………………………………	20
⑶	72 条平成型 ………………………………	21

3　警備業法の適用（違法駐車取締の例）………… 23
　⑴　違法駐車取締 ………………………… 23
　⑵　営業の自由の侵害 ………………………… 24
4　弁護士の独占業務と非弁活動 ……………… 25
　⑴　司法国家の形成 …………………………… 25
　⑵　管理業務とサービス業務………………… 27

第2　法的判断不要型と法的判断型（別表）………… 28
1　法律事件法律事務分類表（別表 1）………… 28
　⑴　72 条適用外類型（法的判断不要型）………… 30
　⑵　72 条適用類型（法的判断型）……………… 30
2　行為態様分類表（別表 2）………………… 31
3　72 条適用外類型 ………………………… 35
　⑴　2 類 型 ………………………………… 35
　⑵　72 条違反とならない要素（別表 2）………… 36
4　72 条適用類型 …………………………… 38
　⑴　金銭請求行為 ………………………… 38
　⑵　明渡請求行為 ………………………… 39
　⑶　法的業務………………………………… 40
5　緊急定型型（正当防衛行為）………………… 41
6　自己の業務性………………………………… 42
7　弁護士の役割の明確化 …………………… 43

第4　違法駐車取締業務 ……………………………… 44

目　次

　　1　万引きと同じ不正行為（軽犯罪法 32 条）………… 44
　　2　財産権の侵害と再犯防止……………………………… 45
　　　(1)　土地所有者の有効活用…………………………… 45
　　　(2)　駐車場の開設と管理 ……………………………… 45
　　　(3)　違法利用と取締りの必要性 ……………………… 46
　　　(4)　民事的救済の困難性 ……………………………… 47
　　　(5)　裁判では費用倒れ（弁護士費用）（通知のみの
　　　　　任意の支払）………………………………………… 47
　　3　行為態様（支払の任意性）…………………………… 48
　　　(1)　正当な権利行使（現場での支払督促）………… 48
　　　(2)　所持金の範囲内と分割任意支払 ……………… 48
　　　(3)　被害者は開設会社と管理会社 ………………… 48
　　　(4)　弁護士業への侵害なし…………………………… 49
　　　(5)　弁護士事務所の監督 …………………………… 49
　　4　結　　論………………………………………………… 49

　第5　非弁提携とならないこと …………………………… 50
　　1　典型的非弁活動との提携の禁止 …………………… 50
　　2　定額集金業務や不動産管理業務 …………………… 51
　　3　集 金 代 行………………………………………………… 52
　　4　正当防衛型業務（違法駐車犯取締）……………… 52

第 2 章　少額大量定型的業務（法律判断不要型）………… 55
　第1　警 備 業 務……………………………………………… 55
　　1　一般の警備業務 ……………………………………… 55
　　　(1)　警備業法の成立 ………………………………… 55
　　　(2)　ヤクザからガードマンへ………………………… 57

xiii

目　次

　　　(3)　規制の功罪……………………………………… 58

　　　(4)　72 条違反の民事判決…………………………… 59

　　2　違法駐車取締業務 ……………………………… 61

　　　(1)　公益的業務………………………………………… 61

　　　(2)　京都事件に関する憲法違反判決 ……………… 63

　　　(3)　違法駐車被害抑止の観点からの不当性（石塚
　　　　　　伸一教授）……………………………………… 69

　第2　不 動 産 業 …………………………………………… 72

　　1　一般の不動産管理業務 ………………………… 72

　　2　マンション管理業務 …………………………… 75

　　3　不動産仲介業務 ………………………………… 77

　第3　集金代行業務 ………………………………………… 79

　　1　サービサー法 …………………………………… 79

　　2　少額定額集金代行業務 ………………………… 80

　　3　悪徳な集金代行業者への対応 ………………… 82

　第4　保険会社による保険金支払交渉業務 …………… 83

　　1　交通事故賠償の処理 …………………………… 83

　　2　示談代行商品の合理性 ………………………… 84

　　3　弁護士によらない示談代行の評価 ………… 85

　第5　インターネット上の記事削除代行業務………… 86

第3章　法的判断を要する法律事務……………………… 89

　第1　弁護士の隣接業務 ………………………………… 89

　　1　司法書士業務…………………………………… 90

　　2　税理士業務 ……………………………………… 93

xiv

目　次

　　　3　弁理士業務 ……………………………………………… 95
　　　4　社会保険労務士業務 …………………………………… 96
　　　5　行政書士業務 …………………………………………… 98
　第2　コンサルタント業務 …………………………………… 101
　　　1　M＆A …………………………………………………… 101
　　　2　事業再生（ターンアラウンドマネジャー）……… 104
　第3　団体との提携 …………………………………………… 106
　　　1　地方自治体 …………………………………………… 107
　　　2　労働組合 ……………………………………………… 107
　　　3　そ の 他 ……………………………………………… 107
　第4　AI法務 …………………………………………………… 108
　　　1　データ整理（短期的効用）………………………… 109
　　　2　法静態学（中期的効用）…………………………… 109
　　　3　法動態学（長期的効用）…………………………… 110

第4章　諸外国の規制 ………………………………………… 111
　　　1　米国モデルとその波及 ……………………………… 111
　　　2　英国のLSBとABS…………………………………… 112

弁護士法72条違反をめぐる判例　（115）
［参考文献］（125）

xv

法動態学講座 3

新弁護士業務論

警備業・不動産業・隣接士業との提携

── 違法駐車取締から AI 法務まで ──

> 序 論

弁護士法 72 条概説

1 条 文

　弁護士法 72 条は，非弁護士が報酬を得る目的で法律事件に関する法律事務を取り扱うことを禁止する。すなわち，「弁護士又は弁護士法人でない者は，報酬を得る目的で訴訟事件，非訟事件及び審査請求，異議申立て，再審査請求等行政庁に対する不服申立事件その他一般の法律事件に関して鑑定，代理，仲裁若しくは和解その他の法律事務を取り扱い，又はこれらの周旋をすることを業とすることができない。ただし，この法律又は他の法律に別段の定めがある場合は，この限りでない。」とする。

　このような条文の文言からして，弁護士以外の者が，何らかの報酬を得る目的をもつ場合，他人の問題となっている件に関与するあらゆる行為が禁止されているかのようにも読めるが，現実には，適用された例は少なかった。

序論　弁護士法 72 条概説

2　立法趣旨

　判例 A-3（最判昭和 46 年）において，弁護士法 72 条の趣旨は，「弁護士は，基本的人権の擁護と社会正義の実現を使命とし，ひろく法律事務を行なうことをその職務とするものであつて，そのために弁護士法には厳格な資格要件が設けられ，かつ，その職務の誠実適正な遂行のため必要な規律に服すべきものとされるなど，諸般の措置が講ぜられているのであるが，世上には，このような資格もなく，なんらの規律にも服しない者が，みずからの利益のため，みだりに他人の法律事件に介入することを業とするような例もないではなく，これを放置するときは，当事者その他の関係人らの利益をそこね，法律生活の公正かつ円滑ないとなみを妨げ，ひいては法律秩序を害することになるので，同条は，かかる行為を禁圧するために設けられたものと考えられるのである。」と判断された。

　学説上は，弁護士法 72 条の目的が弁護士制度の維持・確立であるものと説く見解（福原・282 頁），弁護士制度を包含した法律秩序全般の維持，確立が目的と説く見解もある（コンメンタール 606 頁）。

3　弁護士法 72 条違反の要件

　弁護士法 72 条違反でよく問題となる構成要件は，「報酬を得る目的」，「業として」，「法律事件」，「法律事務」該当性である。

3 弁護士法 72 条違反の要件

⑴ 「報酬を得る目的」及び「業としてなされること」

報酬を得る目的があるとは，現実に報酬を受け取ったことを条件としていない。業とするとは，反覆継続の意思を認められることであり，現実に反覆していなくてもよいと言われている。しかし，実務的には，単なる主観を証明することは難しいので，若干の報酬を得ること，そして有料のビジネスとみなされる継続性をもって，これらの要件が認められる。

⑵ 「法律事件」

「法律事件」とは，法律上の権利義務に関し争いや疑義があり，又は，新たな権利義務関係の発生する案件をいうものとされる。その特質を事件性という。

事件性必要説は，72 条の範囲を限定するために，実定法上事件と呼ばれている案件及びこれと同視し得る程度に法律関係に争いがあって事件と表現され得る案件でなければならない，とする。

事件性不要説は，事件性というと，あまりに不明確であること，不明確な要件が罪刑法定主義の精神に反するということ，弁護士の業務独占を広げるべきことなどの理由で，不要とする。本書では，新しく法的判断基準説をたてる。従前の事件性のあいまいさを次のように説明できる。

①法的判断を要する事務を広く 72 条の対象とする。いわゆる紛争でなくても，法的事件性を内包するとみる。

②法的判断を要しない事務を 72 条の対象としない。どなり合いや暴力沙汰は事実的事件性に過ぎないものとみなす。

⑶ 「法律事務」

「法律事務」とは，法律上の効果を発生，変更する事項の処理をすること，法律上の効果を保全・明確化した事項の処理をすることである。本書では，法律事務とは，⑵と同じく，広く法的判断を要する事務全て，と考える。

結論として分かりやすく，⑵と⑶を同じに解釈し，法的判断の要否を基準とする。

4　判例（巻末一覧表）

昭和期には72条違反が裁判となる例は限られていた。事件屋やヤクザの金銭取立，地上げ業務であった。これらの事件は，横行していたものの，ほとんどは黙認されていた。紛争となり，被害届が出されたときに初めて起訴され，有罪とされた。これらの典型的事案は，掲載価値がないため判例集や雑誌にも載せられていない。しかし，共済会などの名前をつけて，被害者救済を謳い，示談交渉と支払要求を繰り返した件では，有罪事例として掲載された。巻末添付判例表のA1〜4である。その他の多くの判例が現れるのは，主として平成期である。第1章で明らかにするように，大きな社会変動により72条の活用が多くなった。それでも公表されている判例は，添付判例表のものだけである。本書では，社会の経済実態，企業の営業行動，人々のニーズなどを大前提として，これらの判例を参考にしつつ，72条の適用範囲を論ずる。

そして，現在まで判例では，72条の刑事罰による取締りが主であるが，平成期には民事上の紛争の中で，72条違反を理由に，

報酬請求を棄却する判例や返還請求を認める判例が現れるようになった。72条の適用範囲が，民事制裁として拡大することは大いに是認すべきである。およそ，損害や被害が発生した以上，法的判断の入るものには広く72条を適用してよい。他方で，刑事罰の適用については罪刑法定主義の点から，法的判断を要する業務の定義も厳格に画するべきである。本書では，違法駐車取締業者への刑事罰の拡大という点を含めて，72条の刑罰の無制限の拡大に警鐘を鳴らすものである。

5 本書の要旨

■法曹の公益性

72条は弁護士の特権を認める。その背景には法曹全体の特権が存在する。法曹は国民の利益のために，裁判を含む法制度の維持発展という公益につくすものである。特に裁判官と検察官は完全な公共財であり，国民全体の奉仕者である。にも関わらず，その役割を果せているとはいえない。刑事冤罪で多くの被害者を生み出し，行政冤罪を起す司法の腐敗が批判されている。民事では被害者救済が充分でなく，文書提出命令など証拠開示は不充分で，これに乗ずる当事者や弁護士による証拠の隠滅や偽造も防止できない状況が続き，民事冤罪から弁護士への不当な懲戒処分までの病が広がっている。国民のための司法への転換はできたのか，裁判官と検察官は自己保身をせず公益につくしているのか，まさに法科大学院教育に託された使命である。弁護士に法的判断の裁量権を与え，業務の独占を認めるのは，司法の健全性を発展させる

序論　弁護士法72条概説

ためである。

■弁護士への統一

　弁護士と隣接士業も，法制度の維持発展に貢献する義務を負うとの共通の公益性を帯有している。特に，弁護士法72条は，刑罰をもって弁護士の法律事務独占を認めているが，このことはその代わりに，弁護士が公益性と規律を要求されることになることを示している。法と経済学の立場からは，このような資格制度は消費者保護のために，情報の非対称性（不完全情報）を解消するために必要とされるとの見解が出されている。消費者が行政や企業の操作する情報や法令を知らされないままに，行動し，不利益を受けるのを是正するものである。この消費者保護に有効なはずの6つの法律関連士業の厳格な資格制限は，競争を阻害し国民の利益にならないとされ，資格制限の緩和が求められた。その経過の中で，6つの資格の乱立，隣接士業への規制官庁毎の監督の弊害，独立した弁護士自治の有効性が明らかになり，法科大学院教育を通じての弁護士への統一を求める意見が有力となっている。高度の教育を受け，最も質が高く，団体自治により規律される弁護士へ統一されることは，国民の利益という公益性の観点から支持されるといえる。これを前提としても，さらに弁護士は国民の利益のために，業務をどこまで，どのように独占できるのか，課題となる。弁護士の法律事務独占を定める弁護士法72条は，消費者保護の観点，国民の立場から，再構成されるべきである。72条は「事件性（紛争性）のある法律事務」を弁護士に独占させている。弁護士は依頼者（国民）の権利を守り，社会正義に適う法的手段

を提供する。そのために必要な法的判断業務を広く独占する。他方で法的判断を伴わない事実的行為については，国民自身や補佐する非弁護士に委ねてよい。新しい概念として，事件性を事実的事件性と法的事件性に分けて提示する。

■少額大量定型業務

　国民自身が，自ら紛争に対処し，状況に応じて警備会社など（非弁護士）に依頼することがある。家賃などの集金，万引き・違法駐車の取締などである。これらは，弁護士の一般的指導もありうる中での，少額・定型・大量の案件である。特に違法取締については緊急性のある正当防衛の一環としての小額定型的処理案件である。現在違法駐車取締で弁護士法違反として日本で初めて起訴された不当な事件（京都事件）が進行している。法律的判断を要するものではなく，法律事務に当らず事実行為にすぎず，また事件性も，事実的事件性に止まっている。弁護士が現場に急行して交渉できるわけでもなく，緊急な取締についての事実行為に対して，72条違反の刑罰を適用することは，自律的法秩序を乱す過剰な刑罰の乱用である。国民が国民自身で法的判断を要せず，警備会社など（非弁護士）と共に解決できる分野に，弁護士が有料で介入することは，弁護士の利益のために国民の利益を損うもので公益に反する。

■法的判断を要する業務

　非弁護士による交通事故の示談交渉，借家の明渡交渉などは，高額非定型案件で，法的判断を要する法的事件性を帯びているの

で，判例でも 72 条違反とされてきた。債権取立は同じ類型であるが，例外的に一定の組織についてのみ弁護士の参加を条件にサービサー法で許容された。隣接士業の扱う法律相談や書類作成などは常に法的判断を伴うものであり，広く法的事件性があるといえる。つまり，形式的に法令や通達をあてはめるだけでなく，実質的な合法性を追求する法的事件性を帯びる業務で，国民の利益のためには，弁護士が統一して委託を受けるべしとするのが 72 条の趣旨である。行政手続の申立についても，常に，行政庁との協議，交渉があり，さらに不服申立や訴訟に至るので，初めから，法的事件性があるといえる。だからこそ，旧 72 条では，隣接士業を例外として認めず，公式には法令で認められていなかったので，平成 15 年，72 条に隣接士業の特別法を認めるに至った。しかし，法的事件性のある業務，特に行政官庁相手には，弁護士の代理業務が国民の利益にかなう。よって，この改正は法曹人口の増員と隣接士業の減員をセットとする臨時立法とみるべきものである。また，コンサルティング業務として，様々な交渉案件，投資案件，再生・M＆A案件について，双方代理的調整も含めて多額な報酬が授受されている。明らかに法的事件性を帯びた案件であり，サービサー法と同様に，弁護士が関与する要件を付加すべきである。

　本書では，弁護士の業務は，広く法的判断を要する分野に及ぶべきものとする。弁護士の闘う裁量行為（自由と独立）こそが法の進歩を促すからである。この点は，筆者の法動態学 1 及び 2 を参照されたい。

■米国モデル

　以上の法的判断基準説の考え方は，米国の非弁活動禁止の UPL 規則（Unauthorized Practice of Law）と同じものである。隣接士業も含めて広く非弁活動を禁止する弁護士一元主義である。このアメリカンモデルは欧州や中国にも広く及んでいるので，日本も国際標準に合わせる時期といえる。法曹や隣接士業の数は，予防システムの合理化による紛争の減少により削減できる。様々な手続の簡素化により，本人自ら行う書類作成の範囲を広げることにより，縮小できる。新法曹の制度設計能力の向上により，改革審意見書のいう司法試験合格者年間 3,000 人に固執する必要もない。

■ 72 条の目的（法益侵害）

　刑法の構成要件該当性の役割は，以下の通り，歴史的，法社会学的，法哲学的に位置づける必要がある。

⑴　自 然 犯

　フランス革命以来，経済活動を始め，人権や自由を保障するため自然犯の構成要件は，資本主義の世界にほぼ共通するものとして設定された。

　「法律なければ刑罰なし」の側面が強い。刑法の補充性，謙抑性，断片性という性格と言われてきた。

　しかし，刑法の各条文は特定の少数の自然犯に限定されており，少しでも違反すれば現実には国家や社会の維持のため厳しく広く運用された。「法律あらば刑罰あり」の側面である。学説でもそ

序論　弁護士法 72 条概説

のような理由により原則として，構成要件該当性ありとして，例外的に違法性阻却の構成がされてきた。

⑵　法 定 犯

　上記の固有の刑法に対して，行政刑法は行政的な取締目的のために刑罰手段を使用するものである。「自然犯」と「法定犯」，「刑事犯」と「行政犯」，「それ自体における悪」と「禁じられた悪」，「違法」と「行政違反」などと区別される。

　法定犯は，技術的，合目的的要素が強い。20 世紀に入り，社会立法，規制立法として多く登場した。それゆえ，安全規制，経済規制など，その目的に必要な範囲で運用することが重要となる。自然犯のように，違反者すべてを罰する必要もなく，その法律の目的を達成するために，行政手続や民事手続も併用しながら，効率よく行政刑法を利用すれば良いこととなる。非弁護士の法律事務の取扱等の禁止を定める弁護士法 72 条は，まさに，弁護士制度や法律秩序という社会的法益を守るための社会立法なのである。よって，非弁護士の活動が 72 条の目的に反しているのか，具体的には何の法益を害しているのか，構成要件のレベルで考察しなくてはならない。京都事件では，この法益侵害がなかったのである。

■民事制裁優越型

　上記判例にみられる傾向は，平成に入り，72 条違反を公序良俗違反として，報酬請求を棄却する民事判決の増大である。昭和のときには，刑事罰の適用のみであった。社会統制をする方法は，

原則として民事訴訟による民事制裁が適している。例外として刑事罰による制裁を用いるべきである。また，一般的に，自然犯は刑罰により被害感情を抑制させ，民事制裁による被害回復を行う。これに対して，法定犯では，原則として民事制裁により，被害回復をさせると共に，刑事罰は，例外的に，行為態様が悪質で被害も大きいときに限定すべきこととなる。規制立法の目的を達成できる。

　歴史的には，以下の通りである。末広厳太郎博士は，取締法規有効説を唱えた。明治から昭和初期にかけて，国家資本主義による経済統制の厳しい中にあって民間経済の発展，自由市場の拡大をさせるために主張された考えである。裁判制度も整備されていない状況の中で，民事訴訟に頼ることもできなかった。参入規制の取締法規が多かったので，被害者は中小の商人であり，そもそも民事訴訟に馴染まない。とりあえず一罰百戒（見せしめ）として刑事罰で懲らしめておくことで効率の良い取締り，国家管理を目指した。刑事制裁優越型である。しかし，戦後の高度成長期には，大量の消費のされる時代に入った。様々な消費者被害を予防するために，多様な取締法規が成立していた。取締法規違反を刑罰を罰するのは限られており，民事上，無効とすることにより被害回復もできるし，法の目的も達成できた。ドイツでは，この考え型が成立していた，刑事民事一体型である。

　平成に入り，更に高度資本主義にいたり，規制改革が始まり，ますます民事訴訟による民事裁判が重要となった。取締法規に違反するものは原則として広く無効とする。他方で，同じ類型の行為で，その目的に反し，被害の大きいもののみを刑罰で取り締ま

るべき時代となった。平野龍一博士は，刑事法の目的は何か，法益侵害の法益とは何かを厳格に考察しなければならないとされた。本書では，民事制裁と刑事制裁の各法益侵害，被害とは何かを問うものである。弁護士法72条は，まさにこの民事制裁優越型というものである。但し，72条違反といわなくても，契約上の合意がないとして，または業務量に相当する報酬を超えるとして，報酬請求を認めなくても同じである。刑罰を用いる必要はない。以上は，歴史的傾向を説明したもので，現在でも適用において，どの型であるかを検討すれば，最適な社会統制となるといえる。

（弁護士 鴫原洋平・遠藤直哉）

第1章

社会変動と歩むべき 弁護士法72条（総論）

本章と第2章では，警備業や不動産業管理業は，少額大量定型的業務であり，72条を適用すべきでないことを論ずる。特に警備業の違法駐車取締の分析から他の業務の分析へと発展させる。そして，第3章では，72条は，隣接士業，コンサルタントなどの法的判断を要する業務に広く適用し，取締りをすべきであることを主張する。

第1 72条昭和型から72条平成型への社会変動

1 要　旨

⑴　72条昭和型（72条解説図①）

弁護士法72条の適用は，昭和の時代には，暴力団や事件屋の取り立て行為，司法書士などの弁護士の隣接士業の交渉業務など，極限られた範囲にとどまっていた。弁護士の数が少なかったために，多くの72条違反に対し，黙認がされてきたからである。

15

第1章　社会変動と歩むべき弁護士法72条（総論）

72条解説図①

⑵ 72条平成型（72条解説図②）

　平成の時代に入り，バブル経済を迎え，商業ビルやマンションが大規模に建築され，大量生産と消費による物流の拡大，金融や決済の大量の迅速処理などが，急激に進行した。安全かつ迅速な管理のために，警備業，不動産管理業，集金代行業が急速に拡大した。定型的・少額・大量的な処理が必要となったが，現場での処理に過ぎず，弁護士は業務として直接に関与していなかったので，弁護士法72条は，問題とされることはなかった。

⑶ 管理業の発展

　違法駐車取締りの行為は，警備業法の一環である。警備会社からの下請けで行うことが多く，警備業法の許

第1 72条昭和型から72条平成型への社会変動

72条解説図②

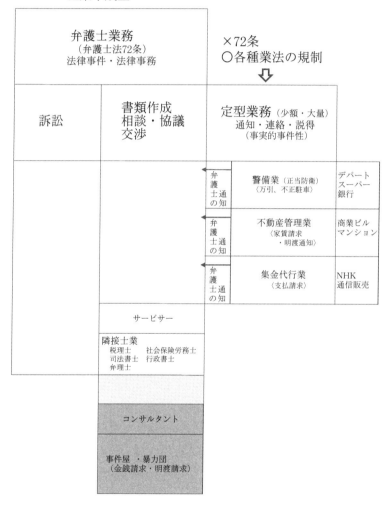

第1章　社会変動と歩むべき弁護士法 72 条（総論）

可をとっていないこともある。下請けであれば問題ないとしても，許可がないために，警備業法違反となる場合もありうる。違法駐車取締りは，警備業法の適用を問題としても，72 条の違反がそもそも問題とならなかった。明らかに法令の目的や趣旨に違反して誤った適用である。その証拠には，京都事件が警備業や不動産管理業に適用された初めてのケースであることから明らかである。そもそも，警備業法の適用の場合には，行政指導による，または業界団体の監督によるものが主であり，いきなり刑罰を科すことはありえず，現に刑罰は科されてこなかった。

⑷　サービス業の発展

　平成の時代に入り，上記の経済社会が拡大するなかで，特に金融やサービスの業務が発展した。それに伴い，コンサルタント，ブローカー，書類代行業などのサービス業の活動が拡大した。税理士，司法書士，弁理士，行政書士，社会保険労務士などの隣接士業が互いにその垣根を越え，また弁護士法に触れ，判例が出るようになった。まさにこの分野は，法律事件・法律事務であり，弁護士の独占すべき分野であり，法的判断を要するもので，弁護士法 72 条により厳しく取り締まるべきである。米国では，隣接業種も含めて，一切の非弁活動を禁止している。UPL 規制である（Unauthorized Practice of Law）。

⑸　法律事件への適用

　弁護士法 72 条は，上記⑷の法的判断を要する法律事務・法律事件の分野に厳しく適用すべきであり，⑶の定型的・少額・大量

業務は，法律事件ではなく，法律的判断を要しないもので適用する必要もなく，適用すべきではない。

(6) 管理定型型（法律事件でない）

不動産管理業務や集金代行業務は，定型的少額大量の業務である。書類作成業務や連絡業務が多く，かつ緊急性がないため法律事務の面がある。しかし，弁護士との協働により法的判断を経て，現場では，法的判断を要しない管理定型型の業務として法律事件ではないので，72条を適用すべきではない。

(7) 緊急定型型（法律事務・法律事件でない）

本件被告人等の行為は，上記(6)と同じく，警備業としての定型的少額大量の業務であり，法的判断を要しないが，緊急性がある点で，(6)と異なる。つまり法律事務・法律事件でない上に正当防衛であり，それゆえ緊急性があり，上記(6)と比較しても，緊急の定型型の業務であり，明らかに72条違反とならない。

2 社会変動に対応する72条の運用

(1) 72条昭和型

昭和の時代には，経済や社会の活動に対する行政の事前規制の時代であった。経済的規制と社会的規制のいずれもが，行政による強い窓口規制により統制されていた。大企業の側は，主として国会議員を通じて行政に依頼し，行政の側も相当程度これに応える形で運営されていた。中小企業や国民は，行政や大企業に対し

第 1 章　社会変動と歩むべき弁護士法 72 条（総論）

様々な被害を受けた場合でも，救済される手段はほとんどなかった。司法が行政や大企業の不正な行為を制止したり損害賠償を認めることは，ごく稀でしかなかった。それゆえ，国民の側も，弁護士に依頼しても勝訴できないのであきらめ，弁護士の人数も限られていたので，活動分野は狭かった。それゆえ庶民が困った場合に依頼する相手は，上記と同様に地元の議員たちであったが，充分な処理はなされなかった。そこで，依頼したのが，暴力団，やくざ，事件屋などであった。特に，50 万から 100 万円の請求でも，当時では少額であり，弁護士は扱わないために，このような輩が取り立てを行った。その際，取り立てた金額を折半して，半分報酬をとられても，あるいはほとんどとられても，着手金を払わないでよいので，依頼することが横行していた。隣接士業の人々も，同じく数 100 万円前後であれば，書類を作成したり，通知を出したり，交渉したり，訴状を作成してあげて傍聴席で指示するなど，多様な活動をしていた。いわば，72 条はほとんど死文化しているに等しい状況が長い間続いた。

⑵　移 行 期
①　管理業の発展
　昭和には高度成長経済からバブル経済に至る。大規模な不動産開発が次々におこり，商業ビルやマンションが建築され，不動産管理業が急速に拡大した。物や金の流通が激しくなり，外国人も含め人々の行動も多様化し，物と人の安全を確保し，その管理が重要となった。警備業の発展が促進された。
②　行 政 改 革

行政改革審議会は，経済的規制の緩和，すなわち行政的規制の緩和を打ち出し，抵抗する行政側に対し，行政改革や政治改革を迫っていった。

⑶　72条平成型
①　司 法 改 革
上記行政改革や政治改革の後に，司法改革が課題となり，経済的規制の緩和と安全規制の強化という規制改革が打ち出された。すなわち事前規制から事後規制へと，行政規制から司法的救済へと改革が方向づけられた。弁護士の増員に向けて検討がはじまり，2000年には司法改革審議会の意見書は，弁護士の増員と共に，隣接士業の暫定的活用を打ち出した。ここで，弁護士は社会の生活上医師としてあらゆる分野に法の支配を及ぼすために，政治家や暴力団の関与を排除するためにも，業務の拡大が明確に打ち出された。しかし，その趣旨は，政治家や暴力団の排除は当然としても，次には法律事務と法律事件を扱うサービス業や隣接士業に対する弁護士の業務の拡大であった。管理業に対する72条の取締り強化を意味するものでもなく，管理業の営業の自由を制限する必要もなく，そのような意見はどこにも主張されていないのであった。ただし弁護士会の中には，本書のような分析をされていない状況であるので，これらを分けて考える思考はなかったこともやむを得ない面がないではない。しかし社会変動を冷静に分析すれば，72条の適用を適正に行えるはずである。

②　管理業に対する不適用
多数の管理業が発生してきた状況においては，定型的，少額，

21

第 1 章　社会変動と歩むべき弁護士法 72 条（総論）

大量の処理であり，現場における作業は当然に法律事件性はなく，法的判断を要するものではなく，弁護士の業務ではないことは明らかであった。

③　管理定型型

不動産管理業の場合には，書類作成，通知書作成，連絡業務，書類交付業務，説明業務などで顧客と接触する機会も多く，その書類は法律的な意味があり，説明もすることとなる。その限りでは法律事務の面がある。しかし一般的には，法的判断を要するものとは言えないので，法律事件ではなく，法的事件性は認められない。すなわち，家賃などは，50 万円以下の少額であり，社会的には膨大な数があり，定型的な処理がされているからである。多少のやりとりは事実的事件性に止まる。

④　緊急定型型

警備業においては，万引き，窃盗，キセルなどの違法行為を取り締まる。相手方は犯罪行為であり，通常逮捕もできるし，緊急性が極めて高い。その点で上記管理定型型と異なる。しかし，少額の場合が多く，日々全国で発生していることから，定型的処理がされるものである。現場での緊急な処理をすること，すなわち物や金を取り返す，代金を支払わせるということだけであるので，法的判断を要せず，法律事務ではない。また，交渉をする余地もなく，法律事件ではなく，法的事件性もない。

⑤　サービス業の拡大と 72 条の適用

金融業や人材派遣業などの多様なサービスが発展した。隣接士業の垣根を越える業務に対する判例が登場する。他方で，最近では，スルガコーポレーションの巨額な報酬をとった地上げ屋事件

も発生した。72条は，事件屋や暴力団の金銭請求と明渡請求，その他コンサルタントや隣接士業に適用すべきものとなった。将来的には隣接士業を統一し，弁護士に吸収していくのが時代の流れである。そのためには，この分野への72条の適用は極めて厳しく適用していくべきである。スルガ事件の収入取得は，莫大なものであり，事前に阻止できなかったことは，従来の72条昭和型の運用と同じで，一罰百戒の仕方であった。莫大な金をとられたというこの失態を，弁護士会や警察が巻き返しをするために，方向違いで走り，本件をでっちあげたものという面がある。地上げ屋と同じに見て，違法行為者に対する管理業の行為を混同するなどとはまことに常識を知らない者の判断と言わざるを得ない。

3 警備業法の適用（違法駐車取締の例）

(1) 違法駐車取締

違法駐車取締は，警備業法の適用が課題となるものであった。警備業法の適用は，行政指導を主としており，刑罰的なコントロールになじまない。特に認定を受けない場合でも，下請け業者の場合，または零細な業者の場合には，実害が発生せず，むしろ社会的に有用だから刑罰を科されていない。また確かに，警備業法の認定を得た者でも，万引きや物件破壊の処理などで，現場で損害賠償をさせる行為をさせていない。違法駐車の民間委託においても，現場での金員の授受をさせていない。なぜなら横領などのトラブルを発生させないためである。この点で，72条と警備業務の適用の誤解があったと言える。すなわち，時代は変わり，スマ

第1章　社会変動と歩むべき弁護士法72条（総論）

ホ決済などできるわけであり，警備業法を合理化することにより，違法行為者とのやり取りを迅速に円滑にさせることこそが重要である。警備業法の適正化や合理化を検討しないまま，72条という関係のない法律を抜き出してきたことは，法令の適用の誤りである。

⑵　営業の自由の侵害

違法駐車の取締りに対して，刑罰を科することは，営業の自由を侵害する憲法22条違反である。

①　公益的業務

違法駐車取締りの営業は，社会秩序に違反する違法な刑法犯に対する取締であり，社会秩序を守るための公益的業務である。

②　財産権の保護

違法駐車取締りの営業は，違法駐車に手を焼いていた土地所有者や駐車場運営会社の要請に応えるもので，社会的な強い要請があった業務である。

③　犯罪取締り

違法駐車をするものは，一時的・偶発的な行為ではなく，数日にわたり，繰り返しの行為として，故意又は悪質な行為である。特に，やくざ類似の者たちの違反行為が多く，本来は国が犯罪取締りの一環として行わなければならないものであった。

④　警備業の一環

一般の警備会社が取締をすべき役割があったにもかかわらず，上場企業などが多くなったため，現場に夜に緊急に駆けつけ，やくざ類似の者達の違反を取り締まることができなくなった。それ

24

ゆえ，取締りの行為は，特別な警備業として，警備会社からも評価され，なんら問題とされていなかったどころか，警備会社の社員からは，感謝の言葉ももらっていた。

⑤ テレビ放映

京都事件の取締業者の現実の取締りの映像が，再三にわたり，テレビ局で放映をされてきた。違法な悪質な者に対して，車両番号など調査し，粘り強く長時間待機し，相手が現れたら丁寧な静かな説得をするという姿が，社会的に高く賞賛されたのである。

⑥ 憲法違反の判決

以上のように，社会的貢献度の高い営業行為に対し，刑罰を科することは，国家による違法行為であり，すでに一審二審はその憲法違反を犯してきた。京都事件の当事者は，刑罰が公表されたことにより，取引先の注文も激減し，従業員等に対する支払も困難となり，会社として窮地に立たされている。最高裁では，早急に破棄し，無罪とされるべき事件である。

4 弁護士の独占業務と非弁活動

法曹の役割は，人権の擁護を含む広い意味での法の秩序を守ることである。しかし，裁判官，検察官，弁護士の人数に限りはあるし，それらが使用する施設や設備も限定されている。

(1) 司法国家の形成

法曹に依存せずに，市民や企業が自らの力で，請求したり，交渉したり紛争を解決することは，原則として，憲法上の個人の権

第1章　社会変動と歩むべき弁護士法72条（総論）

利，営業の自由として合法である。緊急性のあるときには，正当
防衛も許される。同じく，窃盗品を取り返すなどの自力救済も許
される。司法制度が未発達のときには，米国の西部劇にみられる
ように自力での活動は広く違法とされないのが，歴史的には一般
的であった。しかし，日本では明治以来，急速に司法制度を発展
させるために，合法とする正当防衛，自力救済を狭くし，原則と
して，警察，弁護士，裁判所などにゆだねなければならないとさ
れた。私的なリンチなどは許されないとしても，貧困な司法中に
あって，力のない庶民や中小企業は自分の手もしばられ，結局暴
力団，政治家，役人など力のある者に金で頼まざるを得なかった。

　米国人は自らの銃で生活と生産を支え，陪審制度で自ら判決を
出し，そのような状況の中で，さらに，弁護士を多数輩出させ，
いつでも依頼できる法の支配が広がった。これらに対して日本で
は，国民は刀狩りに遭い，武器は取られ，力のある者に頼んでも
うやむやにされ，弁護士に頼んで，金だけとられ，負けてしまう。
司法の証拠主義，放置主義が今でも続いている。司法改革審議会
は，国民が主体となり，法曹が社会の医師として，あらゆる分野
で役に立つとの理念を掲げてきたのは，佐藤会長の力もあったが，
歴史の必然であった。そして，反社会的勢力への規制は進んだ。
暴対法は生ぬるい規制であり，暴力団自体の禁止をするイタリア
方式まで至っていない。しかし，全国の条例により，依頼する方
も裁判されるため，このルートはふさがれた。また，あっせん利
得処罰法の成立もあり，政治家への依頼も減少しつつある。

第1 72条昭和型から72条平成型への社会変動

⑵ 管理業務とサービス業務

このような状況は，国民にとって相当増員された弁護士への依頼により，司法による救済をうける点で，好転したことは間違いない。しかし，以下の新しい課題が生まれている。

① 管理業務

日本では，上記の通り，正当防衛や自力救済は，狭くされてきた。万引きの取締りや取り返し，違法駐車の取締りや集金，家賃未払いの退去請求や家賃取り立てなど，膨大な管理業務が発生している。本人やその会社の社員ではまかないきれない。第三者たる整備会社や管理会社に頼まざるを得ない。本人の手も縛られてきた歴史の中で，第三者たる受注先も同様に，違法視される。しかし，司法制度の発展した日本では，これについて，もはや狭く限定する必要はない。本人は自己の権利を守ることは出来るし，これに協力する第三者，さらには処理をまかされる第三者も，違法とされる必要はない。暴力を使わない限り，自分たちで処理して差し支えないものについて，禁止する必要はない。司法のリソースをこのような分野に投入する必要はない。いわば税金の無駄使いである。つまり，警察，裁判官の手を煩わせることなく，弁護士の費用も使わず，自警団，警備会社が処理すればよいといえる。

② サービス業務

弁護士のみが独占すべきか否かについて，重要であるのは，隣接士業分野とコンサルタント分野の業務である。これらは，法的判断を要するものとして，本来は弁護士の業務に相応しいからである。そこで，上記⑴で検討した非弁活動とは，全く逆の方向での検討が必要となる。

27

第1章　社会変動と歩むべき弁護士法 72 条（総論）

第2　法的判断不要型と法的判断型（別表）

1　法律事件法律事務分類表（別表 1）

　弁護士法 72 条は，「法律事件に関する法律事務」を業とすることを非弁護士に禁止し，弁護士のみに許容した。国民の利益を守るために，法制度の運用を弁護士に限定したものである。しかし，従前の解説書では，「法律事件」と「法律事務」の定義やその関係性について，充分明らかにされていなかった。そこで，弁護士は，人権擁護，法秩序維持，社会正義の実現を目的とするので，これらの目的に合致するように，72 条を解釈するべきである。従前より，事件性のある事案についてのみ，72 条違反とする狭く適用する説（事件性必要説），事件性を要件としないで広く適用する説（事件性不要説）が存在した。しかし，以下のとおり具体的適用ではほとんど差はない。まず，一般的には，事件性を上記の文言の制約を考慮して狭く解して，「法律事件及び法律事務に関するもの」「法的判断を要するもの」つまり「法的事件性のあるもの」に限定してきた。判例でも事件性とは，「実定法上事件と呼ばれている案件及びこれと同視し得る程度に法律関係に争いがあって事件と表現され得る案件」「同条に列挙されている訴訟事件その他の具体的例示に準ずる程度に法律上の権利義務に関して争いがあり，あるいは疑義を有するものであること，いいかえれば事件というにふさわしい程度に争いが成熟したものであることを要する」「立ち退き合意の成否，立ち退きの時期，立ち退き料の額をめぐって交渉において解決しなければならない法的紛議

28

が生ずることがほぼ不可避である案件」という。処罰や適用の範囲を限定的にする趣旨である。そこで，過去の判例等を分析すると以下の通り，法律事件と法律業務を分類して適用できる（別表1）。

法律事件・法律事務分類表　　　　　（別表1）

				事件性×	法律事務×
72条適用外類型	法的判断不要型	管理業務型	⑦緊急定型型 （正当防衛型）（緊急性あり） （依頼者が必要とし 弁護士ではできないもの） ・警備業務	緊急性と明白性あるので常人逮捕も可能，少額で裁判を予定せずに任意の支払を促すもの	少額で相当な金額も明確であり，法的交渉や法的判断を要しない業務
			⑦管理定型型 （緊急性なし） （依頼者が必要とし 弁護士ではできないもの） ・不動産管理業務 ・集金代行業務	事件性×	法律事務△
				少額で定型性があるため法的交渉に至らないもの（後にまとめて裁判を予定するもの）	法的判断による定型化が先行している結果，現場では法的判断を要しない業務
72条適用類型	法的判断型	サービス業務型	⑦典型判例型 （依頼者と相手方を害するもので弁護士に任すべきもの） ・債権取立業務 ・明渡交渉業務	事件性◎	法律事務○
				相手方の対応に応じて多様な法的交渉となるもの	各事案ごとに具体的な法的判断を要する非定型な業務
			㊁法的業務型（知的労働） （依頼者を害するもので 弁護士に任すべきもの） ・法律相談，契約書作成，交渉，裁判 ・特別法で認められた業務 サービサー法の業務 隣接士業法の業務 ・コンサルタント業務 交渉・書類作成	事件性○	法律事務◎
				全ての業務は潜在的な事件性を帯びており，常に法的交渉や裁判を予定しているもの	多角的な且つ高度な法的判断を要する業務

第 1 章　社会変動と歩むべき弁護士法 72 条（総論）

⑴　72 条適用外類型（法的判断不要型）

㋐　緊急定型型・正当防衛型（依頼者が必要とし弁護士ではできないもの）

本件を含む万引きなどに対する正当防衛など，相手方が違法な場合であり，緊急性を要し，少額定型事案である。明白な違法行為で常人逮捕も可能であり，任意の支払を促すだけで，裁判も予定していない業務で事件性はないといえる。法的判断を要しない事実行為の業務であり，法律事務にも該当しない。しかし，現場での労力のかかる業務であり，依頼者だけでは処理できず，警備会社などに依頼する強い必要性がある。原則として 72 条適用外類型である。上記 2 説による差は生じない。

㋑　管理定型型（依頼者が必要とし弁護士ではできないもの）

NHK などの集金代行，不動産管理会社の家賃集金代行などは法的判断による定型化が先行している面では，法律事務と言えるが，少額で定型性があるため法的交渉に至らないもので緊急性もなく，事件性はないといえる。後に少額債権をまとめて訴訟にする類型であり，㋐と異なる。家主は，労力を省くために管理会社に依頼する強い必要性がある。上記 2 説による差は生じない。

⑵　72 条適用類型（法的判断型）

㋒　典型判例型（依頼者と相手方を害するもので弁護士に任すべきもの）

過去に長い間実施され，多くの判例のあるもので，いわゆる債権取立（貸金，交通事故賠償金）や地上げ業務であり，処罰の対象とされてきた。相手方の対応に応じて多様な法的交渉となるも

ので事件性があり，各事案ごとに具体的な法的判断を要する非定型な業務で法律事務の要件を満たす。依頼者と相手方を侵害するもので事件性の弊害が明確といえる。上記2説による差は生じない。

㋑　法的業務型（依頼者を害するもので弁護士に任すべきもの）

サービサーや隣接士業の業務，コンサルタント業務は，法律事務の面から見て，本来的には72条違反であるが，前者は特別法で，許容されている。

これらは弁護士法の目的から見れば，予防法務，書類作成などの一見して紛争性のない業務でも，高度な法的判断を要し，常に法的交渉や裁判を想定する業務であり，国民のために弁護士の独占としていることは明らかである。事件性については，上記㋐と比べれば，知能労働従事者の業務であり，一般的には潜在的である。しかし，事件性のある紛争と見えなくても，法的判断の中には紛争性を帯有しており，広く取り締まる必要があるので，事件性不要説の意味が存したといえる。つまり法的判断業務には抽象的事件性を扱うものであり，非弁護士の行為を取り締まる必要性がある。それによりコンサルタント業務も取締対象となる。

2　行為態様分類表（別表2）

別表2は，別表1の類型をさらに具体化し，非弁護士の行為の態様で分類したものである。結論として，緊急定型型・正当防衛型は，判例でも理論上も72条に該当しないと明確にいえる。

上記㋐の正当防衛型は，法律事務に当たらずそもそも72条適

第1章　社会変動と歩むべき弁護士法72条（総論）

行為態様分類表

㋐～㋓→別表1の分類

				判断要素 / 業務類型		
72条適用外類型	法的判断不要型	管理業務型	㋐緊急定型型	1-1.不払取締業務：**万引き取締業務**（窃盗罪）		
				1-2.不払取締業務：**電車キセル取締業務**（鉄道営業法29条）		
				1-3.不払取締業務：**高速道路踏み倒し取締業務**（詐欺利得罪,器物損壊罪）		
				1-4.不払取締業務：**無銭飲食取締業務**（詐欺罪）		
				1-5.不払取締業務：**不正駐車取締業務**（軽犯罪法31条32条）（威力業務妨害罪）		
			㋑定管型型　△法律事務	a-1.金銭請求行為：**定額集金業務**（家賃 NHKなどの要請）㋑	要請段階 ＝ 事実行為性	
				b-1.明渡請求行為：**不動産管理業務**（通知・連絡・要請）㋑	要請段階 ＝ 事実行為性	
72条適用類型	法的判断型	サービス業務型	㋒典型判例型　法律事件・法律事務	a-1.金銭請求行為：定額集金業務(不動産管理業務)の要請 NHKなどの要請　㋑　要請段階 ＝ 事実行為性		
				a-2.金銭請求行為：**債権取立示談業務**（法的交渉）㋒		
				a-3.金銭請求行為：**債権譲受後請求業務**（弁護士法73条）ゴルフ会員権預託金、ファクタリング ㋒		
				a-4.金銭請求行為：**サービサー業務**　㋓		（特別法）
				b-1.明渡請求行為：不動産管理業務（通知・連絡・要請）㋑　要請段階 ＝ 事実行為性		
				b-2.明渡請求行為：**地上げ業務**（法的交渉）㋒		
			㋓業法的型	c-1.法的業務：**隣接士業**(特別法)の業務　㋓		（特別法）
				c-2.法的業務：**コンサルタント業務**　㋓		

第2　法的判断不要型と法的判断型（別表）

(別表2)

○有：プラス評価・72条違反にならない要素　×無：マイナス評価・72条違反になる要素

法的事件性の不存在（事実的事件性の範囲内）	別紙判例番号 72条	①正当防衛付随行為 現在の法益侵害（過去の法益侵害でない）	②少額性 定型性 大量性 簡易性	③明確性	④緊急性 弁護士の出動困難性	⑤手段相当性 暴利性の不存在	⑥支払任意性（訴訟困難）
○	なし	○	○	○	○	○	○
○	なし	○	○	○	○	○	○
○	なし	○	○	○	○	○	○
○	なし	○	○	○	○	○	○
○	なし	○	○	○	○	○	○
○	なし	×	○	○	×	○	×
○	なし	×	○	○	×	○	×
○	なし	×	○	○	×	○	×
×	A	×	×	×	×	×	×
×	B	×	×	×	×	×	×
×	C	×	×	×	×	○	×
○	なし	×	○	○	×	○	×
×	D	×	×	×	×	×	×
×	E	×	×	×	×	○	×
×	F	×	×	×	×	×	×

第1章　社会変動と歩むべき弁護士法72条（総論）

用外類型である。これに対して，①⑦②は法律事務にあたり，法律事務型として72条適用可能性類型となる。しかし，①については少額の管理定型的行為であり事件性がないために適用外となる。しかし，⑦については別表2のとおり，判例ではa－2金銭請求行為の内の債権取立示談業務（a－3の73条違反），b－2明渡請求行為の内の地上げ業務に限られてきた。法的紛争，すなわち弁護士の介入が必要となる法的判断を要する事案のみについて，72条違反を問題としてきた。これに対して，形式は似ていても，a－1金銭請求行為の内の定額集金業務，b－1明渡請求行為の内の不動産管理業務は，72条違反とされず広く要請段階の業務として許容されている。よって，従前には判例もない。つまり，72条の適用は法的交渉や法的紛争に限定され，現場での通知，催促，説得，要請などの事実的な要請（事実的事件性）を対象としてこなかった。但し，これらも検討の対象とはされてきたし，限界事例もあり，連続的に法的紛争に発展するものである。それ故，別表2のとおり，一般的に法的紛争に至る可能性のあるものとして，検討対象とすべきものを，72条適用類型とした。ここでは薄く表示し，管理定型型を正式な項目とする。この中に，定額集金業務と不動産管理業務は法的事件性がなく，未だ事実的事件性しかないとの理由で要請段階と位置づけた。

　そして，これ以上に明確に現場での多くの緊急解決事案があり，これらは従来，全く問題とされてこなかった。つまり，万引，キセル，無銭飲食などの違法行為の取締のために，緊急性があるとき，本人に協力して，弁護士以外の警備会社などが出動する事実行為があり，これについては，全く72条違反が問題とされたこ

とすらなかった。明白な犯罪を緊急に処理するのは常人逮捕と同じで，法的紛争ではなく，事実的事件性に止まっていたからである。この事実行為（事実的事件性）は，従来，検討対象ですらなかったので，明白な72条適用外類型となる。つまり，主として緊急性，明確性からして現場での解決が必要かつ可能であり，弁護士の出動が必要でなく，逆に，弁護士法の目的についても，非弁護士による方が，弁護士の出動を待つよりも迅速に低コストで，達成できるからである。訴訟はコスト面から不可能に近い。特に違法行為の取締は予防という公益性を有し，警察や司法機関のコスト削減にも貢献するものである。

3 72条適用外類型

⑴ 2 類 型

過去において，有罪とされた判例は，ほとんど多様な債権取立，交通事故賠償金の示談交渉業務（a−2）であり，判例Aグループである（これに準ずるa−3・判例Bがある）。次に，建物立退交渉の地上げ業務（b−2）であり，判例Dグループである。判例は原則としてこの2つに限定されている。そこで，別表2において，これらから派生して問題とされてきたものをサービス業務型（72条適用類型）としてまとめた。判例では，事件性（紛争性）があるかないかを基準に，判断している。債権譲受後請求業務（a−3）（ファクタリング，ゴルフ会員権）については，73条違反をめぐる判例Bグループであるが，判断が困難で，見解は分かれた。その後サービサー法により，サービサー業務として合法化された

第1章　社会変動と歩むべき弁護士法72条（総論）

領域が多い。前述したとおり，サービス業務型の中でも，現在では，72条違反とされるものは狭く，社会的には，不動産管理会社を中心に他人の事務を請け負う類型が拡大している。つまり，家賃やＮＨＫ料金などの定額集金業務や不動産管理会社の立退通知業務などは事実上の連絡，説明，要請にすぎず，法的交渉に至っておらず，法的事件性がないからである。つまり，事実行為にすぎず，法律判断に入らないからである。その理由は，少額性，定型性，大量性，明確性，相当性という特性を帯有し，サービス業務型の中でも要請段階に止まっているからである。そして，この要請段階としての特性に着目すると，このような事実行為にすぎず法的判断を要しない事案として，万引など現場でのトラブルの中での緊急の対応を求められる正当防衛型があり，共通の要素が浮び上がる。しかも，上記の要素に緊急性が加わる。すなわち，事実的事件性はあっても法的交渉や，法的事件性に至っていないものは，72条の事件性はないといえる。緊急定型型・正当防衛型は過去に判例もないし，問題視されてこなかった。これらは別表①乃至⑥の特性を多く帯びている。万引や不正駐車などの違法行為に対する取締りは，正当防衛であり，非弁護士（警備会社）がこれに付随する金銭処理をしても72条違反とならない。

⑵　72条違反とならない要素（別表2）

上記の事例において弁護士法違反となる基準は何か，違反とすべき理由の要素は何かが問題となる。概ね，法律的判断を要するか否か，行為態様において暴利性や強迫性があるか，金額が少額か否か，定型的な行為か否か，弁護士の労力とコストを要求でき

36

るか，弁護士のなし得る業務か，緊急性があるか否か等がその基準となる。そこで以下の通り基準を類型化する。

本件を含む⑦の1の類型は，別表2の中で丸印（72条違反とならない要素）が全てそろっており，×印（72条違反になる要素）はなく，最も明白に72条違反とならない。

① 正当防衛付随行為

別表2の⑦の不払取締業務は，正当防衛が先行しており，かつ以下の②〜⑥の要素をほぼ帯有するので，72条違反にならない。なお，自救行為についても同じく警備会社の業務を想定しても③④⑤があり，72条違反とならない。

② 少額性・定額性・大量性・簡易性

少額の場合，裁判制度や弁護士制度は機能しない。

少額の場合，定額が一般的であり，法的紛争にならない。

少額の事例は一般的に大量になりやすい。

少額の場合には，一般的に請求手続は簡易となる。

この4要素があると事実行為を弁護士以外に任せても妥当といえる。

③ 明 確 性

紛争の内容が現場で解決できるのは，法的には争いのない程に明確な場合である。特に，少額な場合には，明確性もあり，権利義務に争いは少ない。

④ 緊 急 性

弁護士が現場での緊急の活動をするのは困難といえる。特に，少額性，大量性と緊急性があるときには，弁護士の出動は困難といえる。

第 1 章　社会変動と歩むべき弁護士法 72 条（総論）

⑤　手段相当性

一般的対処方法に手段相当性があれば，弁護士である必要はない。

暴利性のある場合とは，まさに法的紛争を示すものであり，非弁護士の犯す恐れの強い特性であり，警備会社などでは問題とされない。

⑥　支払任意性（訴訟困難）

別表 2 の⑥はこれに該当する。現場では所持金の範囲でのみ支払われ，分割払いの念書でも支払いは任意にされる。訴訟は困難であり，通知を出しても任意の支払いに止まる。72 条違反とならない理由として，重要な要素である。

4　72 条適用類型

弁護士法違反の判例は公表されているものは極めて少ないが，これらを含めて弁護士法 72 条違反の可能性がある事例を 3 類型（8 小分類）に分ける。

⑴　金銭請求行為

a － 1．定額集金業務

建物管理会社の家賃集金業務，ＮＨＫの料金の集金代行業務などである。少額性，定型性，大量性，簡易性，明確性がある。それ故，現在まで問題視されてこなかった。その際，異議を言われて，請求内容を説明するとの対立があっても，事実行為にすぎない。

不動産管理業者が借家人に対して，家賃請求の通知をしたり，分割払の合意をさせることは事実行為である。

a－2．債権取立示談交渉業務

多様な債権取立，交通事故の被害者の示談金請求の代行業務である。

少額性，定型性，大量性，簡易性，明確性に欠ける。法的事件性が発生する。

交通事故示談交渉につき，札幌地裁は少額，簡易な事案として72条違反としなかったが，高裁は72条違反とした。その理由は，定型性，大量性，明確性，緊急性を欠くからである。

a－3．債権譲受後業務

ゴルフ会員権の預託金（保証金）請求権を買い取り，請求する行為は弁護士法73条に違反する。上記a－2と同じ。但し，民事判例では許容された例がある。

a－4．サービサー業務

債権を買い取り，請求する業務。73条違法となるのをサービサー法により合法化した。

⑵　明渡請求行為

b－1．不動産管理会社業務

不動産管理会社は，家賃催促の後に解除や明渡請求をする。通知や連絡に止まっており，事実行為にすぎない。少額性，定型性，大量性，簡易性，明確性を充足する。

b－2．地上げ業務

明渡交渉（地上げ）は，借家権の継続する状況で，強引に多額

第1章　社会変動と歩むべき弁護士法72条（総論）

の金額をぶつけて，立ち退きを迫るもので，借家人側からの告訴により，既に一定の有罪例がある。事件屋，暴力団による明渡業務についての判例は，72条違反となっている。

⑶　法 的 業 務

　法的業務とは，法令やガイドラインの解釈を通じて，関係者の利害の対立や調整を含む法的判断を伴う事務であり，それ自体で弁護士法72条違反となる。法律相談や契約書の作成など未だ紛争に至ってなくても，潜在的事件性があるので，法的事件性を有する法律事務である。

ｃ－１．隣接士業（特別法）の業務

　隣接士業の業務は，平成15年までは，72条違反にならないように，紛争に至っていない書面作成などに限定するよう解釈されていた。平成15年改正の72条に「特別法をもって例外とできる」との追加文字が入り，事件性のある法律事務も，特別法があれば許容されることとなった。しかし，隣接士業を法科大学院教育をうけた者や，司法試験合格者と全く同じに扱うことに等しいものとなり，合理性はないことは明らかであり，弁護士法違反を公認するような解釈は矛盾であり，暫定的法律といえる。

ｃ－２．コンサルタント業務

　法的事件性があり，明確に72条違反といえる。企業や病院のＭ＆Ａ，法人や事業の譲渡，企業の経営指導や再建などで，利害調整をしながら，利害対立する者の双方から多額のコンサル料を受領している。コンサルタントとして契約書などの書類作成を請け負うこと，または隣接士業や弁護士を紹介することなどによ

り，利益を得ることも多い。

　すなわち，弁護士法違反の最も大きな課題はこちらの方である。国民は，知識と弁護士倫理をもつ弁護士の支援を充分にうけられないまま，コンサルタントや隣接士業からの不適切なサービスをうけ，弁護士にたどり着く前に不完全な解決を強いられたり，資金を使い尽くすという不利益を受けている。

5　緊急定型型（正当防衛行為）

　違法駐車取締業務とは，万引取締業務と同じ不払取締業務類型㋐5である。正当防衛として，相手の違法行為を阻止でき，その付随行為として財物の回収，料金徴収，実費請求を出来るものである。正当防衛，72条違反とならない。

　現在の法益侵害があるとき，及び，法益侵害が現に継続しているときには，正当防衛が許され，被害の防止は違法性阻却として免責される。身体への攻撃，財産への侵害の場合に，これを中断させることに有形力を使用しても，刑事・民事ともに違法性は阻却される。刑事上の現行犯であれば私人でも逮捕できる。それ故，別表2の万引き，キセル，高速道路料金踏み倒し，無銭飲食，不正駐車の場合も被害の発生に伴い，正当防衛行為を出来るし，現行犯逮捕もできる。他方，傷害事件などの人身犯に対しては，その場で治療費や示談金等を支払わせることは余りない。一般的には，後日に非定型で多額の法的判断を伴う交渉となるために弁護士に依頼することとなる。

　しかし，上記財産犯については，正当防衛のうえ，現行犯逮捕，

警察への引き渡しをするには，被害が少額であり，警察の資源を使うほどでもない。つまり，国民のコストを浪費せず，その場での代金や料金の支払いで終了させることとなる。少額性，定型性，大量生，簡易性，明確性，緊急性，支払任意性の要件があるからである。正当防衛の一環として捉えるべきである。料金支払いと密接して関連する手続費用としての実費，2倍賠償などは許容される。この範囲では事実行為に止まっており，法的事件性に至っていない。警備会社などの補佐業務や受任業務も弁護士法違反となるわけではない。もし，必要以上に暴利となれば，本人も含めて恐喝罪の可能性を検討すればよいのである。

　本来料金を支払うべき者が不払いをするという不正な行為を取締り，任意の支払いをさせる行為であり，72条違反にならない。違法不法の者を相手方とする業務は，違約金を徴収する定額・少額の事実行為であるが，相手方が不法行為者であるため定額的少額の要請をし，任意の支払いをうける。

6　自己の業務性

　会社等団体が自己の業務として法律事件に関する法律事務を扱い，訴訟等をすることは弁護士法違反にはならない。しかし，別表2のb-1のように，不動産管理会社等が多数の賃貸建物の管理をすること，同㋐の万引や不正駐車の取締りをすることは，形式上は，他人の事務の委託を受けている面と，自己の業務として行っている面の両面があるように見える。72条では，「法律事件に関する法律事務」を受託することを禁止し，事実行為を受託するこ

とは禁止されていない。よって，事実行為を自己の業務として遂行していることとなり，他人からの受託とは，工事の下請業務と同じく契約関係にすぎない。家賃集金業務や不払取締をすると共に，自己の預かり金口座に受領することは，少額で定額な集金という事実行為にすぎず，72条違反にならない。

保険会社の社員による契約者（加害者）のための交通事故示談交渉は許容されているが，医療事故の医療保険の支払いなどでは社員による交渉許容されていない。少額，定額の範囲で止まり，大量処理となり，自己の業務性の面が強いといえる。

7　弁護士の役割の明確化

⑴　事実行為と言えども，対立性が生じ，紛争性の要素が生じるものと言える。

しかし，現場における対立は事実状態であり，事後における対立は法的紛争となる。それゆえ，対立は，時間と共に事実行為から法的判断行為に移行する。その基準は，以下の通りである。

①　現場で非弁護士でも容易に判断できる場合には，事実行為といえる。

②　弁護士の助言・協力の下に判断出来る場合には事実行為といえる。

③　弁護士のみが判断し，通知や交渉も弁護士のみがすべきものは法的業務である。

⑵　法的な判断の下での事実行為は以下の通りである。

①　定型性，大量性があれば法的判断は事前に一括して終了し

ており，その結論に従う事後の請求行為は法的判断に入らず事実行為である。

② 緊急性があれば，相手方が犯罪の場合には法的判断は明らかであるので，明白性の原則の下に事実行為の面が優越する。

③ 弁護士の指導の下に非弁護士の行う業務は法的判断の終了後の補助的な事実行為であり，許容される。

⑶ 隣接士業分野

定型的書面作成，定型的申請業務は事実行為の側面が強いとみられてきた。しかし，法律解釈は１つではなく，通説に従うとしても法的判断は伴う。必然的に，これに関する法律相談も入ってくる。よって，特別法で許容されている。しかし，少数説，異説，または新しい説をもって，相談対応，書面作成，交渉などをすることは，72条に違反する。社会変動の大きくなった時代に入り，通説により，規律できる分野ということ自体が流動的であり不明確となっている。弁護士増員により弁護士の担当すべき業務となった。隣接士業の特別法は，72条の趣旨から限定的に解釈していくべきである。

第4　違法駐車取締業務

1　万引きと同じ不正行為（軽犯罪法32条）

踏み倒し行為，踏みつけ行為，長期駐車，車両放棄，枠外駐車などの不法行為，不正行為に対して，刑法では刑罰が規定されてない。建造物侵入罪にならない。過去の土地の余っていた時代の

第4 違法駐車取締業務

刑法が続いており，更地に入っても刑罰なしの考え方であった。今では，法の欠缺といえる。威力業務妨害罪とされた判例では，1回では成立せず，約100回に至り，有罪とされた1件を確認できただけである。軽犯罪法32条に該当するが，一般には運用を制限している。業界団体は警察，地方自治体に対して法律や条例での刑罰の新設の検討を求めるべき状況になっている。

2 財産権の侵害と再犯防止

⑴ 土地所有者の有効活用

車社会の進展と共に，土地を駐車場として貸すことが，資産運用の重要な方法となった。駐車場の有用性は以下の通りである。

① 市街地の秩序維持

駐車場の適正配置により，車両駐車の秩序が保たれる。

② 公道での（違法）駐車の削減

公道での事故防止のために，できるだけ公道の駐車を削減する必要がある。

③ 駐車場登録制

車両を購入する際に，車庫証明を提出する義務がある。自己所有の車庫がない多くの場合に，駐車場の貸借契約書を提出する義務がある。

⑵ 駐車場の開設と管理

① 土地所有者

多くは個人であり，駐車場管理のノウハウはなく，駐車場開設

45

会社に委託するが，アスファルト工事とフェンス設置工事の費用を負担する。

②　駐車場開設（運営）会社

駐車場用地の賃借，フラット板の設置，看板設置，電気工事，広告業務を実施する。

③　駐車場管理会社

コールセンター業務，クレーム対応，フラット版点検修理，照明器具管理，精算機料金集金，違法駐車取り締まり，留置権行使などを業務とする。上記業務はすべて，管理会社の自己の業務である。一般には，保険会社，建物管理会社がコールセンターなどの業務を行っているのと同様であり，弁護士事務所が行っているものではない。

⑶　違法利用と取締りの必要性

①　駐車場開設会社の損害

開設会社は，地主に敷金を預ける場合もあり，また，固定の地代を払う設備投資に，数百万から1千万円以上を使う。借り入れをし，金利を負担する。しかし，不正駐車踏み倒し，踏みつけ，枠外駐車，長期不正駐車，車両放棄などによる損害は，全国で正規料金の約1割〜3割に上り，開設会社は赤字になるリスクを抱えている。現実に最も大きな被害を受けている。全国的に大きな損害が発生し，取り立て，警告，常習犯対策，事前予防対策に努力している。しかし，現場作業は管理会社に委託せざるを得ない。

②　駐車場管理会社のコスト

踏み倒し・踏みつけなどで逃亡した違法駐車車両を特定するに

は，ジャーナル確認，写真撮影，名義調査，張り込みなどに人件費，交通費，宿泊費がかかる。莫大なコストがかかっている。運営会社はこれらのコストを負担しないので，管理会社が違約金として違法駐車犯に負担させている。京都事件の場合，相当部分が経費である。このような実態からすれば，「報酬目的」ではなく，予防が主たる目的であるので，72条違反にならない。

⑷ 民事的救済の困難性

利用規約を明示してあり，利用料金が発生する。1日以上の延長の連絡義務，踏み倒し行為などの違約金の明示をしてある。駐車場利用者はこれを熟知しており，特に常習者は，よく知っている。

① 正規料金
看板に明示の利用規約による契約成立

② 違約金（所持金の範囲内，抑止効果）
消費者契約法9条では債務不履行の違約金を実損害（平均的損害）に限定しているが，前記の通り，受領額は実損とほぼ等しいといえる。

本件では，故意の不法行為者を対象として実損害として請求し，受領しているにすぎない。

⑸ 裁判では費用倒れ（弁護士費用）（通知のみの任意の支払い）

民事裁判の少額請求の困難性は明らかである。米国では弁護士費用や実費を賄うために，懲罰賠償や2～3倍賠償があり，日本でも長い間検討されてきたが，実現していない。しかし，駐車取

締りではこの趣旨が生かされている。駐車取締りでの2倍請求は原則として運営会社のコストとして，これに帰属する。違約金は管理会社のコストとして帰属する。

3　行為態様（支払の任意性）

⑴　正当な権利行使（現場での支払督促）
ジャーナル確認，写真撮影，名義調査，張り込み，現場督促である。

タイヤロックは留置権の行使である。

⑵　所持金の範囲内と分割任意支払い
相手方は違法不払いとの認識があり，また常習者が多く，任意の支払がされる。所持金の範囲内の支払である。分割支払も任意である。

⑶　被害者は開設会社と管理会社
違法駐車犯は被害者ではない，加害者である。弁護士法違反としては，被害者側を加害者側に仕立てたフレームアップとなる。

弁護士法の保護利益は社会的法益といわれるが，具体的被害は何もない。

被害者からの告訴はない。日本弁護士連合会が正式に告発しているわけではない。弁護士がなしえない業務または，警察の及ばない取り締まりである。一般のサラリーマンがいやがる現場作業であり，多くの関係者から感謝されている。社会的な利益に合致し，

第4　違法駐車取締業務

社会的法益を害するといえない。

⑷　弁護士業への侵害なし

　弁護士のなしえない現場作業であり，弁護士の業務が奪われていない。

⑸　弁護士事務所の監督

　違法駐車取締りを，法律事務所の指導や監督の下に行った場合には，弁護士業務の法的判断作用と分離して，取締業者は主として事実行為を担うので，法秩序維持に貢献することとなる。

4　結　　論

　⑴　弁護士法の目的たる法秩序の維持のためには，弁護士のなしえない緊急措
置を警備会社などに委託することは，まさにその目的に合致する。

　⑵　恐喝的行為もなく，漠然たる一般的不安感があるからといって，起訴されていないものを弁護士法で罰することはできない。京都事件では具体的には任意の支払を促す極めて穏当なものであったことが立証されている。

　⑶　違法駐車取締りは，夜間の危険を伴う業務として，警備会社ですら敬遠してきた。現場での規制のあり方を巡り，警備業法違反などを問題とすべき余地はあるが，その場合には規制緩和などによる警備業法の新規参入も検討すべきである。京都事件の証人石塚伸一教授は，被告人らの業務は，警備会社ですらできない

49

第1章　社会変動と歩むべき弁護士法72条（総論）

緊急の労力のかかる仕事に取り組んだ新しいビジネスモデルとして，72条違反にならないと証言された。それ故，新しいビジネスモデルを保護する政策を検討せずに，公益的業務を刑罰で抑制し，不正行為を助長することになるのは，まさに弁護士法等の法秩序維持の目的を侵害するどころか，法治国家の重大な役割を放棄する違法行為，憲法違反に他ならないといえる。

第5　非弁提携とならないこと

1　典型的非弁活動との提携の禁止

　弁護士法72条は，弁護士が，72条乃至74条に違反する非弁活動をする者から，事件の周旋を受けることを禁止する。すなわち，主として，a−2債権取立示談業務，b−2地上げ業務の事案の周旋を受けたり，共同して業務をしたり，報酬を分配することを禁ずる。顧問，助言者などとして，非弁活動を助長することも禁じられる。なお，現在まで，大きな問題とされたのは，過払い金請求訴訟での，弁護士の名義貸，事務職グループへの丸投げでの72条違反である。これらが非弁活動の助長であることは明白である。しかし，非弁活動の事案，または疑いのある事案について，非弁護士またはその依頼者から事案を承継したとき，弁護士が依頼者と直接に契約し，非弁護士に報酬分配をせず，非弁活動と共同せずに，非弁活動を抑制防止することは，むしろ奨励されるべきことである。とにかく非弁活動する者との接触や協力を速やかに解消するということである。しかし，以下の類型は協力，

50

第 5　非弁提携とならないこと

提携をすべきこととなる。

2　定額集金業務や不動産管理業務

　定額集金業務や不動産管理業務については，非弁活動ではないので，これらの業務をする者に助言，指導，監督することは72条違反とならない。管理会社の自己の業務といえる。管理業者は，日頃から，家主の委任を受けていることを明示し，借家人もこれについては全く異議がない状況がある。

　不動産管理会社の代理で家賃請求しても，通知に止まり事実行為性が強い。家賃の1回分は少額であり，催促や分割払いをさせることは，72条違反にならない。弁護士が管理会社の代理人として，または連名で通知をしても，任意の支払いを求めるだけである。数回分貯まることにより，訴訟準備としての弁護士業務に移行することとなる。遅くとも法的交渉からは家主を代理することになるが，証拠収集，打ち合わせは管理会社であり，実質上の依頼者といえる。弁護士と管理会社は提携関係となる。法的交渉や訴訟の段階に進み，事案を承継するには，形式上本人から委託を受け，72条違反にならないようにしているだけである。管理会社は管理料の範囲の業務であり，報酬請求の民事紛争にならない限り，刑事罰も不要である。貸借人からも，不払いの責任があり，異議は出ない。

51

第1章　社会変動と歩むべき弁護士法72条（総論）

3　集 金 代 行

　集金代行については，通信販売などでは1ヶ月数千円である場合が多い。1年で，数十万円になる。それゆえこの範囲内では，いまだ少額であり，大量な定型的な処理となる。その段階では，いまだ任意の支払いを促すだけである。支払いをしない場合には，商品やサービスをストップするので，それ以上の金額請求にならない。この場合問題なのは，代行業者への委任が真実のものか不明である点である。疑義があり，振込詐欺などの危険があるので，支払いをしない者も多いであろう。任意の支払を促すのみで，弁護士として連名でも代理人名でも，この範囲での，請求行為は，非弁提携とはならないであろう。過大な報酬請求があれば，現に被害が発生するので，72条違反となる。

　弁護士に移行するのは，少なくとも50万円以上だろうが，上記の通り，殆ど発生しないと思われる。

4　正当防衛型業務（違法駐車犯取締）

　正当防衛型業務については，違法行為を取り締まるという公益があり，警備会社などと弁護士が協力して対応をすることは，非弁活動にはならない。少数の定型案件として現場での緊急処理をする。弁護士は出かけていけず，その必要もない。現場での所持金の範囲内の少額支払いの任意の要請である。駐車場経営者の損害が莫大であり，予防効果があるため，報酬のトラブルになっていない。その後，数は少ないが通知を出したり，弁護士が連名や

第 5　非弁提携とならないこと

代理人として通知することは，弁護士の内容証明郵便の通知をするまでは，事実行為の一連の流れとみられる。任意支払いの要請にすぎず，入金もほとんどないし，それ故報酬も取りづらい類型である。後述するように，事実行為型では警備会社は自己の業務性が強い。よって，訴訟まで予定していない少額・定額・大量の業務であり，管理会社自身も業務出来るし，弁護士が提携や協働しても 72 条違反とならない。違法な未払駐車を特定したり，タイヤロックの開始や解除をするので，駐車場経営者との委任も明確である。

（弁護士　遠藤直哉）

第2章

少額大量定型的業務
（法律判断不要型）

第1 警備業務

1 一般の警備業務

⑴ 警備業法の成立

警備員は，古くには，王，貴族，金持ちを守るための用心棒であった。日本では，清水の次郎長から昭和までのヤクザの世界であった。そして，警備業は，諸外国では探偵業とともに比較的古くから存在している事業である。19世紀中頃，アメリカにおける西部開拓の歴史の中で，列車強盗に対する警備と捜査を行うことが，警備業の始まりであるといわれている。

我が国における警備業は，昭和39年の東京オリンピックの選手村の警備によってその存在を広く認識された。以後，高度経済成長期における企業の拡大と物・金・人の移動の中での安全確保を目的として急速に発達した。デパート，スーパー・マーケット，事務所，工場等の施設警備のほか，工場現場等での交通誘導警備，

第 2 章　少額大量定型的業務（法律判断不要型）

現金輸送車の警備，ボディガード等広い分野で警備員が活躍する
ようになった。

　警備業者による警備業務の実施に関して，警備業が健全な発展
の方向を確立できないままに，警備員の非行その他警備業務の実
施に伴う違法，不当な事案を続発させ，世論の批判とともに警備
業に対する法的規制の要請が高まった。特に労働争議の弾圧は強
い批判を受けた。警備業法は，警備業務の実施の適正を図り，安
全な社会のための基盤と形勢する事業として健全に育成すること
を目的として制定され，昭和 47 年 7 月に公布，11 月に施行された。
警備業法が改正された昭和 57 年には，警備業社数約 3500 業者，
警備員総数約 13 万 4000 人を擁する産業に成長した。国民の防犯・
防災活動等の基盤を形成する「安全産業」の中核として国民生活
に深く定着するに至った。

　平成 24 年末には，警備業者数 9091 業者，警備員数 53 万 6935
人となった。警備業は，安全の確保に関する国民意識の高まりを
背景に，また，高度情報社会の進展，社会構造の複雑化等に伴い，
多様化する国民生活の態様に応じて，多種多様な業務を展開しな
がら，発展してきた。以上については，日本で唯一の専門家であ
る田中智仁教授の巻末文献に詳しい紹介がされている。

　課題としては，警備業は，他人の依頼をうけて，その生命，身
体，財産等を守る事を主な業務としていることから，信頼性を強
く求められることをどのように確保できるかである。警備業者が
警備員に対する指導，教育を適切に行っていないなどのために，
警備員の非行をはじめ警備業務の実施の適正を害する事案が発生
してきた。営利主義に偏った業務管理のために，事件や事故等の

第1　警備業務

発生時に十分な対応ができない等の不適切事案が発生していることは，警備業の社会的信頼を大きく損なっており，警備業の健全な発達を図る上で重要な問題である。

⑵　ヤクザからガードマンへ

昭和後半から，警備員をヤクザ風情の者から一般人へ入れ替えることは，相当に困難であった。警備員の監督官庁は，警察（公安委員会）とされた。開業するには，「公安委員会の認定」を受ける必要がある。次の4つの認定がある。

　　1号　施設警備
　　2号　交通誘導
　　3号　運搬警備
　　4号　身辺警備

しかし，規制はうまくいかず，何十回と改正を繰り返した。そのような中で，ヤクザ仕事とのイメージがある中で，警備員の社会的地位は高くなく，明らかに，低く見られていた，まともな人間がどんどん入ってくる状況を作れなかった。そのような中で，ドラマと映画の「ザ・ガードマン」は，間違いなく大きなイメージチェンジの結果をもたらした。警備員は「強面のヤクザ」ではなく，「優しい，親切な，ソフトな，それでもしっかりした毅然とした男女」と描かれた。これ程の社会的影響のある映像はまれであった。その後，長島選手の「セコムしてますか」，伊調選手の「アルソック」と続いた。強い者とのイメージを出して，ヤクザからスポーツ選手へと切り替えていった。極めつきは，ケビン・コスナー主演の「ボディガード」であった。ホイットニーヒュー

57

第2章　少額大量定型的業務（法律判断不要型）

ストンの歌う主題歌の「オールウェイズ・ラブユー」が世界的に
ヒットした。まさに，「ゴロツキ」から「紳士」に変貌した。

　そして，最近では，警察官と間違えるような，高価で立派な制
服を身にまとうようになった。まさに，ボタンをはめる度に警察
官の公務と同じく市民を守る意識を持てるようになった。「おま
わりさんゴッコ」というのも決して冷やかしではなく，自他共に
認める安心安全のための地位が確立したといえる。

　そして，本書で重要なことは，上記のようなガードマンは，「固
い，理詰めで，条文や，判例を持ち出す，暗い弁護士」のイメー
ジではないことである。ガードマンは，どれ程イメージチェンジ
しても弁護士と間違えられることはなく，法曹とはかけ離れた世
界である。

(3)　規制の功罪
■功

　警備業法による認定制度は，相当な成功を納め，映像による効
果を共に，定着していった。警察の監督と共に，数種の業界団体
の発展によって支えられた。

■課　題

　警備業の認定要件，警備員の資格要件が厳しすぎることである。
参入規制となってきた。また様々な細かい規制が多い。これを行
政や団体の指導で運用することは，妥当といえる。しかし，時に
極めて軽い，過失的行為に対して，形式的に刑罰を適用すること
がある。一罰百戒である。摘発された企業は，刑罰ばかりか，入

札禁止や風評被害のため，倒産状態となる。警察の天下りを受けていない企業が狙い撃ちされているのではないかと疑いをかけられてもやむを得ない状況もあった。

⑷　72条違反の民事判決

　過去に警備業務には弁護士法72条の刑罰が適用されていない。極めて特殊な民事の裁判例として判例F2（東京地判平成25年）がある。警察官OBが営む会社が，信用調査業務請負，身辺警備請負，経営コンサルタント業，損害保険代理業及び生命保険の募集に案する業務等を業としていた。恐喝被害に遭っている会社との間で顧問契約を締結し，雇用契約書には，「甲は乙に対し，甲に起因する諸問題の解決に関して，相談，指導及びその他の行為を要請，依頼することができる。ただし，法律関係事項についてはこの限りではない。」と記載されていた。弁護士法72条は，「弁護士でない者は，報酬を得る目的で法律事件に関して法律事務を取り扱うことを業とすることができない」と規定しており，恐喝事件（刑法249条1項）が，弁護士法72条にいう「法律事件」にあたることは明らかである。恐喝被害事件について，被害者の立場から，警察に対して被害届を作成提出し，警察の捜査（刑事訴訟法189条）を促す活動をすることについて，第三者が証拠品を預かって被害届を起案し，被害届の提出やその後の取調べに同行するなどして被害者に助力することが，弁護士法72条にいう「法律事務」にあたることもまた明らかである。

　判例では，「Eは，恐喝被害の拡大を防止するため，被害届の提出等による捜査の促しなどCらによる恐喝行為に対する対抗手

第 2 章　少額大量定型的業務（法律判断不要型）

段をとることという法律事務を主として行う対価として，顧問料等の報酬を被告が得る目的で，被告代表者の立場で，被告の業務として原告との顧問契約を締結した。被告は，弁護士でないにもかかわらず，報酬を得る目的で法律事件に関して法律事務を取り扱うことを業とするために，この顧問契約を締結したものというべきである。したがって，本件顧問契約は，弁護士法 72 条に違反して，弁護士でない者が法律事件に関して法律事務を取り扱うことを業として，これによる報酬を得る目的で締結されたものであるから，公の秩序に反する事項を目的とする法律行為であるということができ，民法 90 条により無効とされるべきものである。」と判示した。

　以上のとおり，警備業務の依頼を受けたかのような体裁をとっていたとしても，実態として，恐喝事件に対する「被害届の提出等による捜査の促し」等の対抗手段をとることという法律事務を依頼し，その対価で報酬を受領していた場合には，弁護士法 72 条違反となる。

　警備業務を実施する際に，すなわち，他人の生命，身体，財産等を守る際に，弁護士法 72 条違反となるか否かに関して，上述の裁判例によれば，被害届の提出等により捜査の促しを行う行為は，「法律事務」に該当するとして非弁行為となる。これに対して，財産を守るための対抗手段として，妨害排除行為を行う場合，実費を請求する場合等の「現場対応」は正当防衛型として「法律事務」に該当しない。この点については，第 1 章を参照されたい。

60

第1 警備業務

2 違法駐車取締業務

(1) 公益的業務

■警察の代わり

違法駐車取締業務とは，私的なコインパーキング内の違法な違法駐車を取締る業務である。違法駐車は，駐車場運営会社が駐車場に設置する利用規約に違反する駐車を指す。具体的には，長期駐車（利用規約で定める時間を超過する期間の駐車），フラップ板乗り越え逃避駐車，フラップ板踏みつけ駐車，枠外駐車等が代表的なものである。極めて乱暴なヤカラによる悪質事犯である。万引きのようなおとなしい者を相手にする一般警備とは異なる。同じ犯罪者でも，ゴロツキの部類である。

違法駐車問題に関して，従前は公道での路上駐車が重大な社会問題となっていた。徐々に公道の違法駐車問題に対する法的対策が行われ，平成16年には，道路交通法改正による抜本的な対策がなされた。それにより，公道における違法駐車犯は厳しく取締りがなされた。

その結果，違法駐車を行う者のほとんどが私的なコインパーキングで違法駐車を行うようになり，駐車場運営会社に膨大な損害を生じさせるようになった。日本パーキングビジネス協会の調査では，全国全体として年間3000万件の違法駐車が確認されているとのことである。また，駐車場運営会社は，その売上の5〜10%程度が違法駐車により売上発生を妨害され，損害を被っていると言われている。これは，例えば，年間10億の売上げの運営会社であれば，その5000万円〜1億円が違法駐車により損害で

61

あり，極めて膨大である。

　以上が違法駐車の実体であるが，このような違法駐車が行われるのは，警察の取り締りが及ばないからである。人の居住を目的とする住居でなく，また，人が管理監督する邸宅でもないため，違法駐車者につき，住居等侵入罪（刑法130条前段）の適用を行うのは困難である。但し，軽犯罪法（1条32号：「入ることを禁じた場所又は他人の田畑に正当な理由がなくて入った者」）の適用は可能である。しかし，捜査機関がこの違法駐車の問題を捜査し，実際に逮捕や起訴等を行うのはほぼない。例外的に，違法駐車を数十回も繰り返した事案等の場合に，威力業務妨害罪が適用されたケースはあるが，極めて例外的なものである。捜査機関に相談に行っても，それは民間と民間との問題であるのでといい，まともに取り扱われないのが実態である。

■予防のための違約金

　このような実態を背景に，全国のほとんどのコインパーキングの利用規約には，違法駐車に対する警告のため，「違約金」や「罰金」等の記載がある。その額として，おおよそ，数万円から十万円の記載がある。多く確認された金額は，10万円であった。多くのコインパーキング運営会社は，平成15年頃から，違法駐車犯に対するこのような警告を行ってきた。実際に違法駐車が発生した場合，運営会社から管理の委託を受けた管理会社や警備会社が，違法駐車犯に「違約金」（民事罰）を請求し，大幅に削減するものの，再度の違法駐車行為を抑止している。いわば，公権力（捜査機関）に代わり，駐車場の管理会社や警備会社が早期に出

動し，違法駐車犯と対峙し，疑似的な罰金を納付させ，コインパーキング内の治安を守っているのである。主として，再犯の防止を目的としていた。

このような管理会社や警備会社の行為は，緊急の中で，少額，低額な金額を回収するものであり，法律事務に該当しない。

なお，違法駐車取締行為は，後述の不動産業の管理業務と異なり，現在の違法状態を緊急に回復し，将来の違法行為を抑止するために行うものである。弁護士は，このような治安維持のための現場対応のための教育，訓練を受けておらず，そのような能力を有しない。しかし，違法状態を回復するため，国が取締りを懈怠しているこの違法駐車への対応のため，管理会社や警備会社がこれらの行為を行う必要があるのである。

よって，社会全体の法益保護の観点からも，弁護士以外が違法駐車取締行為を行うことは正当なのである。

⑵ 京都事件に関する憲法違反判決
■緊急な少額事件

某駐車場運営会社（以下，「A社」という）は，某駐車場管理会社（以下，「B社」という）に対して，某コインパーキングの管理業務及び違法駐車への対応業務を依頼していた。ところが，A社の運営，B社の管理する駐車場にて，①自動車の停める枠の外にバイクを置き車両の出入りを妨害した事案，②車両を長期駐車させた事案が発生した。

B社は，違法駐車犯と対峙し，違法駐車行為に対する違約金として，それぞれ10万円を請求した。看板には違約金10万円と明

63

第2章　少額大量定型的業務（法律判断不要型）

記しており，合意が成立していると見なされる。その後，B社と
違法駐車者が話合いを行う過程で，B社は違法駐車犯の反省の度
合い，違法駐車行為の悪質性，違法駐車犯の経済力等を考慮し，
違約金（罰則金）として，①の違法駐車犯から5万円を受領し，
②の違法駐車犯から2万4000円を受領した。また，併せて，未
払いの駐車料金の支払いを受けた。

　以上の事案は，低額かつ少額の債権に関するものであり，かつ，
法律事務に該当しない。

　ところが，このような行為を弁護士法72条違反であるとする
初めての判決が出されてしまった。この判決は，過去の弁護士法
72条の適用の実体を無視するものであり，かつ，駐車場運営会
社の財産権（憲法29条1項），駐車場管理会社の営業の自由（憲
法22条1項）を侵害する違憲判決である。

■ガードマンもお手上げ／弁護士は現場に張り込まない

　京都事件のおもしろさは，夜の現場には，強面の犯人がおり，
警備会社の上品なガードマンですらお手上げだったことである。
また，ガードマンも嫌がるそんな所へ弁護士が行くはずもなく，
ケガでもしたら何のために司法試験に金をかけたか分からないか
らである。このテレビで取り上げられたおもしろさが，裁判官に
は通じなかったようである。むしろ，法の欠けつを補充する行為
と称賛すべきとの弁護人の主張を，しかめ面をしながら国家の威
信を貶めたと受け取ったようであった。

第1　警備業務

■（一審判決）非常識の極み

　平成 30 年 3 月 8 日京都地方裁判所（平成 29 年(わ)第 100 号，以下，「一審判決」という）は，当該「違約金」「罰金」債権が駐車場運営会社に帰属するものとし，駐車場管理会社が同債権に関する他人の法律事務を取扱ったとして，弁護人らの自己の事件及び事務該当性，正当業務行為該当，憲法違反等に関する主張に正当に答えることなく，弁護士法 72 条違反の適用を肯定した。

　他人の法律事務該当性に関して，駐車場管理会社は，駐車場運営会社から，駐車場の管理業務を包括的に受託し，その一環として違法駐車への対応を行っている。「違約金」や「罰金」の徴収は，あくまで自己の事務である。弁護士法 72 条の立法趣旨は，非弁護士がみだりに他人の法律関係に介入することを防止するものである。このような包括的受託している管理会社が，その管理物に関する侵害行為に対応するために罰金を徴収する行為は，自己の事務であることがその立法趣旨からも明らかである。

　次に，一審判決は，数万円という違約金の請求及び回収に関して，「法律事務」に該当すると判断している。「法律事務」は，司法試験に合格し，司法研修所の研修を修了した資格を備えた弁護士に業務を独占させるものである。弁護士の養成プロセス（法学部教育，法科大学院教育，司法研修所等）にて，現場で違法駐車犯と対峙し，違法駐車の抑止のために罰則金を回収する業務への対応方法を指導している例はない。弁護士は，現場対応の教育を受けていないのである。現場対応は，警備業者や管理業者が行うものであり，「法律事務」ではない。

　さらに，一審判決は，違法駐車が重大な社会問題となっている

65

第2章 少額大量定型的業務（法律判断不要型）

こと，人々が困っていることに目もくれない。弁護士での対応が，弁護士に対応能力がないこと，費用倒れとなることなど等に関しても，運営会社において，駐車料金を上昇させ，コストを投入するべき等とまことに非常識な，社会実態を無視した判断を行った。また，一審判決は，証人として出頭した弁護士が，顧問契約を締結するなどして費用対効果に見合う方法もあり得る等と証言していること等から，弁護士に依頼して違法駐車取締業務を行うことが違法駐車の取締りの実効性や，経済的合理性を著しく欠くことになるとは言えない等と判断した。しかし，違法駐車者の取締りや罰金徴収の際の現場での緊急対応を弁護士が行えないことは明らかであり，弁護士が全て対応できる等として，対応能力を有する警備業者や管理業者の関与を除外することは著しく不当である。最終的に不利益を被るのは，国民自身である。

　最後に，一審判決は，違法駐車取締業務が，違法駐車犯が駐車場運営会社の法益を違法に侵害しており，その違法状態を回復するための防衛行為であるという点について，何ら判断を行っていない。刑法36条1項の正当防衛により，他人という第三者の権利を防衛する場合は，違法性が阻却されるのである。他人の財産の防衛行為に関しては，当然に，その法益保護のために第三者への介入が正当化されるべきであるにもかかわらず，一審判決では，この点が全く考慮されていない。

■（高裁判決）社会実態からの逸脱

　平成30年9月21日大阪高等裁判所（平成30年（う）第439号，以下，「高裁判決」という）は，弁護人らの控訴を退け，一審判決

同様，弁護士法 72 条違反の適用を肯定した。

　高裁判決も，一審同様，警備業者や不動産管理業務に関する弁護人らの主張についても，警備業務や債権管理業務について，「万引犯や回収対象者（債務者）との間の支払金額についての交渉や支払合意（和解）などが含まれているとみることはできない…不動産管理業務についても，未払賃料の額等に紛議がある場合に，不動産管理業者が，単なる未払賃料の支払督促を超え，借主との間に入って支払金額の交渉をし，その裁量で支払額について折り合いをつけ，分割弁済等の結果を念書等としてまとめるなどすることが，弁護士法 72 条に抵触しないことを前提とするものであって，その前提自体に疑問がある。」と判示し，弁護士らの主張する社会実態を全く理解できないようである。裁判官が，社会から遊離している姿そのものである。

　高裁判決の判断によれば，不動産管理業者が，未払賃料の回収のため，借主と交渉を行ったり分割弁済させたり，訴訟提起の準備を行ったり等と，現在の社会で当然に行われている行為を「弁護士法 72 条に抵触しない……前提自体に疑問がある。」等と判断している。この判断を前提とすれば，全国全ての管理業者が弁護士法 72 条違反で摘発されることとなり，不当である。借主が家賃を滞納する度に，貸主が弁護士を見つけ，弁護士費用を支払い交渉することとなる。このような対応をしなければ弁護士法 72 条違反するのであれば，管理会社の存在意義はほぼ存在しない。実態としても，管理会社が実際の交渉を行っているのであり，高裁判決は，このような社会実態を全く考慮していない。万が一，このような解釈判断がなされるのであれば，違法駐車取締業務に

67

第2章　少額大量定型的業務（法律判断不要型）

限り，弁護士法72条違反を適用したことは憲法14条に違反するのはいうまでもない。

　また，高裁判決は，①駐車場を管理・運営する者がその不正利用者に対して「違約金」債権を有するかについては疑義があり，②その法的性質や内訳も不明瞭である上，③10万円というの違約金の額も，時間貸し形態をとる駐車場の正規の利用料金と比べて，相対的にかなり高額であること等を根拠に，「「違約金」を本件各駐車場の不正利用者に請求し，取り立てるという行為は，不正利用者等との間において解決しなければならない法的紛議を生じさせるおそれが高いものであって，法律的観点から公正かつ円滑な解決を図る必要があり，まさに，法律専門家であり，基本的人権の擁護と社会正義の実現を指名とする弁護士に委ねられるべき案件」と判示する。

　しかし，①②は，高裁判決が，「違約金」「罰則金」を損害賠償請求権という法的な訴訟による回収可能な請求権と決めつけてしまっている点で，妥当ではない。これらは，損害額の回収でなく，「違法駐車の行為の抑止」を目的として規定され，請求されているものである。結果として，私的な制裁罰に関する制度が明記されていない日本では，法的根拠が不明確となるが，そのことをもって，弁護士が扱うべき業務である判断するのは誤りである。③についても，正規料金との比較の上高額と判断しているが，重要なのは，社会に存在する様々な業務のうち定型的かつ少額か否かであり，10万円以下が少額であることは明らかである。

　高裁判決は，「弁護士が行うべき」等と主張するのみである。現在の弁護士法を前提とする資格制度を前提とすれば，せっかく

合格したのに，弁護士が危険な所へでかけて，少額案件に対応することはありえない。現在の弁護士法を前提とする資格制度は，①高度な法律解釈を必要とする業務，②債権の存在に争いのある債権（全額）を回収するための交渉や訴訟業務等である。高裁判決は，②を理由に弁護士が行うべきと判断しているとも思われるが，違約金や罰則金の主たる目的は「違法駐車の抑止」であり，実際の「金銭全額の回収」ではない。全額回収を目的に裁判を行うことも行われていない。

　また，このような現場対応を行える能力，武力，体力を備え，コスト面等を考慮し実際に行うことができるのは管理業者及び警備業者である。それに関する，業者監督制度が不足しているのであれば法の欠缺であり，それを72条違反の犯罪行為として捉えるのは明らかに誤りである。

(3)　違法駐車被害抑止の観点からの不当性（石塚伸一教授）

　石塚伸一氏（以下，「石塚教授」という）は，刑事法学，刑事政策，刑事学を専門とし，龍谷大学法学部の教授兼同大学犯罪学研究センター長を務める。2014年10月から現在までは，日本犯罪社会学会の会長を務め，法社会学の観点から，犯罪被害の予防へ受けた研究を行っている。さらに，2004年2月から現在まで第二東京弁護士会に弁護士登録を行い，一般の弁護士業務たる法律事務の具体的内容に関する知見を有する。証人として出廷された石塚教授は，「違法駐車犯に対して違約金として10万円を請求する事務」（以下，「違約金請求事務」という）に関して，概ね次の通り証言された。

第 2 章　少額大量定型的業務（法律判断不要型）

　刑事法学等の犯罪予防の法社会学的観点及び一般の弁護士業務たる法律事務に関する経験から，違約金請求事務は，通常の弁護士が法律事務として行う債権回収ではなく，違法駐車犯に対して警告を行い本人の反省を促す「警告事務」である。

　数千円の損害を負った個別事案に関して，違約金として 2 ～10 万円の金員を回収することは，通常の弁護士が法律事務として行うものではない。また，違法駐車犯に対して，現場で制裁金の支払に関する念書を作成する行為に関しても，違約金に関する念書作成は，同念書が法的拘束力のある性質の文書ではないことから，弁護士が法律事務として同書類を書かせることはない。そもそも，違約金請求事務は，極めて少額かつ多量であり，現場の違法駐車犯への対応が極めて危険であり，現場対応等の弁護士報酬（タイムチャージ）を考えると費用倒れとなる。

　したがって，違約金請求事務は，通常の弁護士が内容証明の発送及び訴訟提起といった「法律事務」として行うものではない。

　違約金請求事務に関する違約金の定めは，窃盗罪等の刑法の法定刑と同じような意味であり，違法駐車犯の支払能力，反省の度合い等を考慮し，何らかの謝罪の意思を示させるための制裁金という性質のものである。この 10 万円との高額な金額は，特別予防のため，「警告事務」を行い，違反者から徴収する「制裁金」という性質のものである。違法駐車対応のシステム全体を維持するための総額経費の中に参入されるものであれば，全国の違法駐車取締システムの維持のため，膨大な経費がかかっている以上，不当に高いというものではないとも証言する。

70

第 1　警備業務

　これは，交通反則通告制度の反則金と極めて類似したシステムである。交通反則通告制度は，違反車のレッカー費用等の個別対応に関する実損相当額を回収するのではない。標識，信号等の道路交通の円滑運営のためのシステム全体を維持するための総額経費に徴収した反則金を充当しているシステムである。同交通反則通告制度は，国家が違法行為の取締りのために構築した社会システムであるが，直ちに，私的なコインパーキング内での違法駐車に対応するものではない。国家は，私的なコインパーキングの問題について，民事不介入という理由で介入しない。形式的にも，住居侵入罪には該当せず，また，軽犯罪法も濫用的適用が懸念されていることから，国家（捜査機関）が実際に動くことはない。

　「違約金請求事務」を含めた違法駐車取締りシステムは，一方で国家が対応することが怠り，他方で違法駐車数が激増する状況において，何とか違法駐車数を減少させるために生み出された新しい社会システムである。このシステムの実施を弁護士に依頼することは，弁護士が法律事務の専門家であり，取締りの専門家でないことはもちろん，上述のとおり，少額かつ多量である事，現場対応の危険性，費用倒れとなることから不可能である。

　最後に，犯罪被害（法益侵害）予防に関する法社会学的な観点からも，店舗での窃盗事案に関して，警備会社が被害者として違反者（犯罪者）に対する被害届の提出等の刑事手続が行われているのが実情である。また，不動産等の管理会社も，管理の一環として，違反者（賃借人）との間の賃料，更新料，原状

第2章　少額大量定型的業務（法律判断不要型）

回復費用等の金銭回収のトラブル処理を行っている状態である。何らかのトラブルに対して，弁護士以外の警備会社や管理会社が対応を行い，再犯を抑止するということは社会一般において当然に行われていることである。このような，警備会社又は管理会社が対応を行わず，取締りの専門家でない弁護士にこれらの業務を行わせるという社会システムは，極めて実効性がなく，このようなシステムを正当化することは，犯罪予防の法社会学的見地からすれば，犯罪行為が野放しとなり，国民全体の法益侵害が放任される自体となる結果となることは，明白である。

　なお，弁護士以外が取締業務を行う点に関して，現場において暴力的な対応や詐術的な手段が用いられた場合には，暴行罪や脅迫罪等の別の犯罪が成立する余地があることはあり得る。しかしながら，弁護士法72条違反を適用することは，弁護士に法律事務を独占させた弁護士法の趣旨に沿うものではなく，また，法社会学及び弁護士業務の実体から明らかにかい離するものである。

（弁護士　鴫原洋平，村谷晃司，遠藤直哉）

第2　不 動 産 業

1　一般の不動産管理業務

　不動産管理業務の拡大は，凄まじいものがある。量的には警備業を超え，質的にも法的な業務に近い業務が拡大している。

第 2　不動産業

■不動産管理業務と違法駐車取締の比較

　控訴趣意書で弁護人らは、「不動産管理業者は不動産所有者から不動産管理の委託を受けて、貸借人に対する未払家賃の督促や未払家賃の分割弁済の念書作成等を行う。これらと違法駐車取締業務に違いはなく、弁護士法 72 条違反とすることは妥当でない」などという主張を展開した。

　しかし、高裁判決は「未払賃料の額等に紛議がある場合に、不動産管理業者が単なる未払賃料の支払督促を超え、借主との間に入って支払金額の交渉をし、その裁量で支払額について折り合いをつけ、分割弁済等の結果を念書等としてまとめるなどすることが、弁護士法 72 条に抵触しないことを前提とするものであって、その前提自体に疑問がある」と弁護人らの主張を排斥した。

　高裁判決は、弁護人らの主張を正しく理解しておらず、さらに不動産管理業の実態についても誤った理解を行っている。

　すなわち、不動産管理業の実態として、不動産管理業者の行っている業務は、単なる未払賃料の支払督促にとどまらない。借主からの分割弁済の申し入れに対する説得や要請、応諾については、不動産所有者より包括的に事前承認を得ており、あるいは事後の了解を得ている。そのほか、借主からの申し入れにしたがった分割弁済の支払を監督することもある。なお、未払賃料の金額については、契約書で 1 ヵ月あたりの賃料が定められており、支払い済み額の確認がなされていて計算が正確になされている限り、その金額自体に争いがあることは一般的にない。

　違法駐車犯に対する違約金請求行為については、駐車場運営会社から事前に看板記載の利用規約にしたがい、今後同様の不正駐

73

第2章　少額大量定型的業務（法律判断不要型）

車のなされることがないように適宜対応することを求められ，その指示に愚直にしたがっていただけであった。すなわち，看板には違法駐車犯は10万円の罰金支払義務を負うことが明記されていたところ，駐車場運営会社は事前に管理会社に対して，いくらの罰金の回収を受けるようにという具体的な金額の指示は行っておらず，管理会社に具体的な金額は委ねられており，管理人が違法駐車犯から回収した金額につては，運営会社発見案件のみ半額の支払を受けていた。

　弁護人らは，以上の不動産管理業者の実態をも踏まえて，管理が行っていた行為は，不動産管理業者の家賃滞納者へ行う支払督促，分割弁済承認行為と何ら変わるところがないことを主張していたものである。結局のところ，管理会社の行為を弁護士法72条違反で処罰することは，不動産管理業者の通常業務をも弁護士法72条違反の可罰対象とすることに等しく，およそ社会実態を無視した判断と言わざるを得ない。

■不動産管理業者が家賃請求した場合

　家主の委任のあることも日頃の管理から明白であり，この点で借家人がとまどうことはない。少額のうちでは，弁護士による手続は，費用倒れとなる。借家人も支払いを約束する以上，支払いが誠実に履行されている限りは訴訟とはならない。家主が手間や余計な出費を省くために弁護士ではなく，管理業者に管理料の内で依頼する必要性が高い。つまり少数定型的管理であり，刑事罰を適用する理由はない。

第2　不動産業

■不動産管理業者が明渡請求などをした場合

　未払家賃の請求をしても支払わないときには明渡要請をする場合もある。家主の強い要請に基づくものである。また家賃は払われているが，老朽化などで立退交渉となることもある。引越代，1ヶ月家賃，新規賃貸借契約の仲介料程度であれば決まりきった相場であり定型的である。管理料の範囲内の業務を管理業者が行うならば家主から異議はでない。管理料を超えて明渡手数料を請求しても家主は一般に応じない。さらに借家人の契約更新，終了時の原状回復義務に関する調整は，管理の一環として定型的処理であり，72条違反とはならない。以上につき72条刑罰の必要性はない。立退料の金額が上述の金額以上となると，弁護士でないものが行う立退交渉は，家主の権利を侵害することになるし，借家人からも迷惑だと問題となるので，72条の適用となる。つまり行為態様が悪質で被害の大きいときには72条による刑罰適用となる。しかし，なるべく，民事上の報酬請求を否定する方法を広報し，あわせて，自立的な各自主的団体を規制する業法によるべきである。

（弁護士　田島紘一郎）

2　マンション管理業務

　不動産管理業務のうち，マンション管理業務における弁護士法72条（非弁行為の禁止）の問題は，現状では，定型的業務であるため問題化していない。

　マンションの管理組合の多くが管理会社にマンションの管理業

第2章　少額大量定型的業務（法律判断不要型）

務を委託している。

　委託する管理業務は，建物や設備の管理業務，管理費等を滞納する管理組合員に対する督促，組合員及び占有者による有害行為（法令，管理規約等に違反する行為，建物に有害な行為等）の中止行為等，多岐に渡る。

　これらの管理会社による管理業務のうち，弁護士法72条の「一般の法律事件」との境界が問題となるものの一つとして，管理費等の滞納者に対する督促業務が挙げられる。

　国土交通省が作成しているマンション標準管理委託契約書（マンション管理組合（甲）と管理業者との間の契約）では別表第一の「事務管理業務」実施要領の中に，管理費等滞納者に対する督促として，下記の通り規定している。

　一．毎月，甲の組合員の管理費等の滞納状況を，甲に報告する。
　二．甲の組合員が管理費等を滞納したときは，支払期限後○月の間，電話若しくは自宅訪問又は督促状の方法により，その支払の督促を行う。
　三．二の方法により督促をしても甲の組合員がなお滞納管理費等を支払わないときは，乙はその業務を終了する。

　甲の組合費が，分割払を申し出たときに，乙は甲の了承のもと分割払の念書を作成し，署名を求めることになる。一連の流れの中の行為であり，これのみを取り出し，弁護士法72条違反（刑罰）とすることはできない。

　また，上記10条では次のように規定している。

　第10条　乙は，第3条第1号の業務のうち，出納業務を行う場合において，別表第一1(2)②の督促を行っても，なお当該

組合員が支払わないときは，その責めを免れるものとし，その後の収納の請求は甲が行うものとする。

2　前項の場合において，甲が乙の協力を必要とするときは，甲及び乙は，その協力方法について協議するものとする。

標準管理委託契約書をはじめ，管理委託契約書の多くで督促業務に期限を設けるのは，一定期間督促を行っても支払わない場合，滞納者の支払意思がないことが客観的に明らかになり，督促が弁護士法72条の「一般の法律事件」と判断される可能性が多分にあるためである。

管理会社が自己名義で行い得る督促業務は上記の限度であり，それ以降の督促，いわゆる「支払督促」の申し立てやその後の訴訟は，区分所有者法25条に規定する「管理者」か，管理組合理事長の名義で行うこととなる。

有害行為の中止行為についても，管理会社が中止を求めてもなお組合員等がその行為を中止しない場合，その後の中止等の要求は「一般の法律事件」に当たり得るため，管理会社は自己名義で行うことはできない。上記につき，支払の催促や中止要請が任意の要求にとどまり，熱心に事務手続をする限り，相手方が反論等をしてきたとしても，事実的事件性に止まるとの解釈をすべきである。

（弁護士　今村渚）

3　不動産仲介業務

⑴　不動産仲介業者は，宅地建物取引業法の規制を受けている。

第2章　少額大量定型的業務（法律判断不要型）

地方自治体が監督をし，消費者からの苦情については，営業の停止命令や取消権を武器にして比較的実効性のある取締をしている。それゆえ，72条違反がほとんど問題とされていない。しかし，仲介業務には，前半の「売主と買主のセッティングと契約成立の部分」，後半の「契約の履行と決済の部分」があり，後半部分については，紛争となる場合もある。そのことは，本来的には，契約の成立の過程の中で，法的判断を要する部分が多く，それが決済の頃に顕在化するからである。つまり，仲介業者は契約の成立を優先させ，充分な調整をしない代わりに決済の前の紛争の調整や交渉を行う。さらに決済後の紛争の調整を行う場合もある。英国では，不動産仲介業務を1985年に例外として不動産譲渡専門士に開放するまでについては，ソリシターの大きな収入源となっていた。つまり，日本でも本来は弁護士業務であるのだが，例外的に宅建業法で業者に認めたといえる。それゆえ，解釈論では72条を拡大して適用し，厳しく取り締まるべきこととなる。

　(2)　第3者の明渡を条件に決済する場合もあり，明渡業務を請け負うこともある。交渉に入れば，72条違反といわざるを得ない。これらの業務を理由に3%を越える報酬を請求すれば，72条違反または民法90条違反で無効となる。

　(3)　特約という形で条件付契約を行う事もしばしばであり，その時点で明らかに弁護士に相談した方が安全である。それゆえ，近年では契約前に弁護士に相談し，立ち会うケースも多くなっている。筆者は，当初から相談を受けた場合，状況によるが，仲介手数料を1/2に減額するよう約束させて契約に立ち会う方法をとったことがある。つまり，弁護士費用を捻出する方法も考えね

78

ばならないのである。弁護士が代理するときには，仲介手数料を減額させるとのルールを法令や判例で認めるべきである。

(4)　判例F-1は，仲介業者と販売会社が訴訟の当事者と報酬請求を合意した事例である。72条違反とせず，民法90条違反（公序良俗違反）とした。しかし，趣旨は72条違反と同じといえる。

（弁護士　遠藤直哉）

第3　集金代行業務

1　サービサー法

　債権を回収する業務は本来，「法律事件に関して法律事務を取り扱うこと」（弁護士法72条）に該当するとして，弁護士以外の者が報酬を得る目的で行うことはできなかった。

　しかし，バブル崩壊後に発生した巨額な不良債権を，適正かつ迅速に処理するといった社会的ニーズが高まった。それに加え，債権回収に暴力団等が関与したり，占有屋，整理屋，損切り屋等と称する者が債権を譲り受けてことさら不当な訴訟を引き起こし，又は交渉に藉口して不当な権利の要求を行うことが多く，弁護士法72条及び73条に違反する事態が深刻化していた。そこで，不良債権の処理の必要性と弁護士法72条及び73条違反の取締りの必要性から，弁護士法72条及び73条の特例として債権管理回収業に関する特別措置法（以下，「サービサー法」という）が1999年2月に施行され，法務大臣の許可制度を実施することにより民間事業者が同様の業務を行えるようになった。

第２章　少額大量定型的業務（法律判断不要型）

　もっとも，サービサー法によって，弁護士法 72 条及び 73 条の特例として民間業者が行える業務は，「特定金銭債権」の処理である。「特定金銭債権」とは，サービサー法２条に列挙されたもので，①金融機関等が有する貸付債権，②リース・クレジット債権，③資産の流動化に関する金銭債権，④ファクタリング業者が有する金銭債権，⑤法的倒産手続中の者が有する金銭債権，⑥保証契約に基づく債権，⑦これらの金銭債権に類するものとして政令で定める金銭債権に限定されている。このように限定されたのは，サービサー法の趣旨が，バブル崩壊後に発生した巨額な不良債権を，適性かつ迅速に処理することにあり，サービサー法が，あくまで弁護士法 72 条及び 73 条の特例として制定されたものであることによるものであるといえる。そのため，「特定金銭債権」に含まれないもので，弁護士法 72 条及び 73 条に抵触するものについては，サービサー法に基づいて，その回収を行うことはできない。

2　少額定額集金代行業務

　サービス業の発展に伴い，経済社会が拡大し，「特定金銭債権」以外の債権についても，大量かつ迅速に回収処理を行う必要性が高まってきた。実社会においては，サービサー以外にも集金代行業務は行われており，金融機関自動振替やコンビニ等での収納代行などが代表的なものである。

　このように国民の利便性のための集金代行業務が大幅に増加し，サービサー法が本来予定していた回収代行業務では対応できない

第3　集金代行業務

状況になっている。国民の利便性を考えながらも，弁護士法との抵触の問題にも対処すべく，適法な集金代行業務と違法な集金代行業務の線引きを明確化することが求められている。

　サービサー法が制定された経緯からして，国民の利便性を考慮すれば，法的紛争に発展しにくい少額な債権で，大量かつ定型的なものに関しては，迅速な回収処理が容易である場合には，それが法的手段に頼る取立てにならず，支払いを求める通知や請求内容を説明するに留まるものであるならば，弁護士以外の者に回収を代行させても違法にならないとすべきである（以下，「定額集金代行業務」という）。

　定額集金代行業務の典型例としては，建物管理会社の家賃集金業務やNHKの料金の集金代行業務が挙げられる。これらは，回収対象となる債権が大量かつ定型的で，その金額が少額であり，債権の根拠が明確であることから法的紛争に発展するおそれは低く，迅速な回収処理が容易であるといえるものである。

　一方，回収対象となる債権がその回収対象者特有のものであるような場合，対象債権が少量で迅速な回収処理の必要性が高くない場合や未払いが生じた場合には法的手段に移行することを示唆するような請求方法であるような場合には，定額集金代行業務に該当するような事実行為に留まらず，既に法的紛争を予定した法律事務に該当するものといえることから，弁護士法72条に違反する集金代行業務にあたりうるものといえる。

　以上のように，サービサー法を補完するような，国民の利便性の追及と違法な非弁行為の取締りの調整を図る基準の構築（法制度化も含む）が求められている。

81

3　悪徳な集金代行業者への対応

さらに，集金代行業者が，サービサーと同一もしくは類似の名称を用いて架空の請求書を送りつけたり，債権者から正式に委託された集金代行業者として身分を偽ったり，実際に存在するか分らない債権を請求するような問題が生じている。このような状況を鑑みれば，集金代行業者に委託している債権者は集金代行業者を利用していること，請求している債権の内容，利用日などを明確に消費者に伝えることがもちろん必要であるが，それ以上に，悪徳な集金代行業者を排除するためにも，集金代行業者との委託契約に関する法的規則の整備や債務者との間で集金代行業者を利用することの合意をすることを義務づけることが必要である。

（参考文献）
・日本弁護士連合会調査室『条解弁護士法・第四版』
・山田勝利『サービサーの法律と実務』社団法人金融財政事情研究会 1999.8
・一般社団法人全国サービサー協会 https://www.servicer.or.jp/servicer/
・独立行政法人国民生活センターhttp://www.kokusen.go.jp/index.html
・おきなわサービサーhttps://www.okinawa-svc.co.jp/servicer/servicer_law.html

（弁護士　相川雅和）

第4　保険会社による保険金支払交渉業務

1　交通事故賠償の処理

　戦後の日本は自動車の普及により交通事故の数が急増し，事故後の損害賠償の問題が重大な社会的問題となっていた。そこで，損保協会は昭和47年10月，保険会社による示談代行サービスを含めた商品を販売することを検討したが，これに対し日弁連は他人の法律事務を業として取り扱うことを禁ずる弁護士法第72条に違反する疑いがあるとの意見を表明した。損保協会はこれを受け，保険約款に被害者が保険会社に対し直接損害賠償請求することができる旨の条項を追加し，他人の法律事務でなく自らの法律事務として示談代行をすることとして，弁護士法第72条違反に該当しないように修正した。

　しかしながら，専門知識を有する保険会社が加害者側を代行する仕組みは，被害者保護に欠けるおそれがあった。そこで，昭和48年9月1日，日弁連と損保協会との間で，以下の内容の覚書が取り交わされることとなった。

1. 被害者が保険会社に賠償金を直接請求できることを保険約款に明記する
2. 裁判基準に準じた任意保険の支払基準を定めて，賠償金が適正に支払われるようにする
3. 被害者と交渉するのは保険会社の正規かつ常勤の職員に限定する
4. 中立の立場の裁定委員会を設置して，その委員会によるあっ

第2章　少額大量定型的業務（法律判断不要型）

　せん案を尊重する
5. 1つの交通事故にもとづく損害賠償金の限度を撤廃する
　このような経緯から，昭和49年3月より示談代行サービス付きの商品が販売されるようになり，現在では，示談代行なしの自動車賠償保険はほとんど廃止されている。

2　示談代行商品の合理性

　保険会社による示談代行サービスは，以下の観点から社会的に受容されていると考えられる。

　すなわち，第一に，交通事故は現代社会にて多量に発生している問題である上，解決にあたっては専門的知識を必要とする場合が多いため，専門的知識を有する代行業者が介在することにより円滑な交渉が期待される。これは，消費者（加害者側）のみならず被害者側にとっても有意な側面である。

　第二に，交通事故の解決には専門的知識が必要であるとはいえ，多くの事故は定型処理で足りるものであるため，全ての事件につき弁護士の介入が必要であるということはないという点である。

　第三に，消費者が直接交渉をするには相当の精神的負担や交渉コストがかかるが，示談代行サービスはこれらの負担を大きく軽減ないし回避できるというメリットがある。

　第四に，相手方である被害者側としても，義務履行に対する不安感を軽減させることができる。たとえば，保険会社は治療費の内払いといった方法で被害者側の精神的ないし経済的負担を軽減させている。

3　弁護士によらない示談代行の評価

　保険会社の示談代行は社会的一般に認められているものであるが，本質的には（自己当事者でないという意味で）他人の法律事務を行うものである。無制限に許容すると，法的サービスを提供する弁護士法第72条の趣旨を没却する結論になりかねない。

　保険会社の示談代行担当者は交通事故の解決に必要な知識を有しているものの，一般的に弁護士程度に法的知識に長けていないと考えられ，裁判上の手続に精通しているものではない。そのため，示談代行には自ら限界があると考えられるべきである。交通事故案件の中でも特に【1】高度な法的知識を必要とする案件，【2】賠償額が多額に及ぶ案件，【3】訴訟等の裁判手続きに移行した案件等については弁護士の職域となる。実際に保険会社は上記のような案件については弁護士に処理を委託する傾向にある。もっとも，示談代行と弁護士の職域との限界につき明確に示したものはなく，明らかにすることが適切であろう。保険会社が提携している顧問的な弁護士を加害者に紹介し，その代理人となることが慣行化している。保険会社と加害者は，責任の存否，賠償額について利害対立がある。紹介された弁護士は利益相反として弁護士職務規程に反することになる。従前よりあえて問題視することを回避してきた状況といえる。

　当然に，保険代行制度は弁護士を排した構造となっている。保険会社は，保険会社基準に基づき事故対応をしている。保険会社基準の金額は裁判基準のそれよりも低額であるため，被害者としては訴訟を提起した方がより多額の金額を取得できる場合が多い。

第2章　少額大量定型的業務（法律判断不要型）

しかし，被害者側は，専門的知識を有する担当者を信頼して提示された金額や治療期間が相当であると錯覚し，弁護士に相談をすることなく事件の解決に合意してしまうことも少なからず存在すると推測される。このように，保険代行という弁護士を除外したシステマティックな制度が構築されることにより，被害者の弁護士に委託する契機が失われている側面も存在するのではないだろうか。それ故，被害者側でも保険会社の担当者に迅速に対抗するために，弁護士を選任すべきである。今後は弁護士への着手金を負担してくれる弁護士保険特約付き保険の普及が期待される。

（弁護士　田村祥一）

第5　インターネット上の記事削除代行業務

　この代行業務は，定型的業務であり，ボランティア的であれば，問題とする必要はない。しかし，有償または高額な報酬請求をする場合には，72条違反の取り締まりが問題となる。高額報酬請求案件として，判例G-2（東京地判平成29年）において，インターネット上の記事削除代行業務の依頼を受ける旨の契約について，非弁行為として弁護士法72条違反が認められた。

　同裁判例では，インターネットの記事削除について，人格権に基づく削除請求権の行使により，ウェブサイトの運営者に対して，削除義務の発生という法律上の効果を発生させ，人格権を保全，明確化する事項の処理であると判断され，弁護士法72条により弁護士以外が行うことが禁止される「法律事務」にあたると判断されている。

第5　インターネット上の記事削除代行業務

　また，事実経過を見ると，記事削除代行業者は，単純なフォーム送信によって削除できない程度の事案で，行政書士，または弁護士に委託していた。これは，非弁提携（弁護士法27条）の問題が潜在的に存在しているものであると考えられる。その観点からも，弁護士に委託しない程度の事案の代行であっても非弁行為にあたると判断せざるを得ないものと考えられる。

　また，同裁判例では合計13の記事の削除が問題となっているところ，弁護士であれば一括受任が可能であり，その前提で弁護士報酬及び費用の確定がされる。しかし，同裁判例では，代行業者は五月雨式に受任し，その都度報酬請求をしているため，このような受任方法では依頼者の利益を損なうとの問題意識も伏在している。

　また，代行業者は，記事削除にあたって，依頼者本人名義の書類作成を推奨している経過もあり，非弁行為の確定的認識があったものと言わざるを得ない。

　なお，同裁判例は，代行業者による代行契約が非弁行為であるため，弁護士法72条違反で無効となり，代行業者が受領した報酬の不当利得返還請求が認められている。非弁行為においては報酬を得る目的が必要である以上，非弁行為が認定されている以上，非弁行為によって得た報酬を吐き出させ依頼者に戻すことは必要であると考えられる。

（弁護士　渡邉潤也）

第3章

法的判断を要する法律事務

第1 弁護士の隣接業務

　本書では，隣接士業として，司法書士，税理士，弁理士，社会保険労務士，行政書士を扱う。弁護士は，これらの業務を行う資格を有する。弁護士が隣接士業と協働し，または，単独で積極的に行うべしとする理由は以下の通りである。

　①　隣接士業のできる範囲として，法的判断を要する法律事務の内，簡易なものに限定して切り取って定めることは，困難である。境界線が曖昧だからである。形式的合法性と実質的合法性の統一的解釈は，常に必要であり，弁護士の裁量性に基づくものである。この点「法動態学講座1」を参照されたい。

　②　6つの士業の乱立している状況では各垣根を越えることはやむを得ない面がある。しかし刑罰での規制にも限界がある。依頼する国民も分かりにくいし，不便であり，コストが過大となる。

　③　隣接士業には，監督官庁があり，かつその官庁出身者に資格を与える例外がある。そのために，行政に協力し，行政規則に縛られているので，国民の権利を守る立場に徹し得ない。弁護士

第3章　法的判断を要する法律事務

であれば，独立性を有するので，弁護士自治に基づく政行庁への訴訟提起も可能である。また行政手続の簡素化に向けた運用や提言をできる。

1　司法書士業務

(1)　司法書士法で認められている業務は，登記・供託手続の代理，審査請求手続の代理，裁判所などへの提出書類の作成などである。監督官庁は，法務省（法務局）である。司法書士試験を免除されている者は，裁判所・検察庁・法務省の事務官を10年以上経験し，法務大臣が知識・能力を認めた者である（4条）。

(2)　判例E-1（最判平成28年）

司法書士の業務と弁護士法72条違反の関係では，簡裁代理権を単独で行使できる認定司法書士が，どこまで裁判外の法律業務（和解など）を行うことができるかが問題となっている。

司法書士法3条1項7号の「紛争の目的の価格」について，裁判外の和解の対象となる債権債務の価格を紛争の目的価格とする債権額説（日本弁護士連合会側主張）と裁判外の和解により依頼者が受ける経済的利益の額をその価格とする受益説（日本司法書士連合会側主張）の対立，および，債務整理の場合を念頭に，依頼者の負う債務の総額を基準とする総額説（日本弁護士連合会側主張）と依頼者の負う個々の債務の額を基準とする個別説（日本司法書士会側主張）が対立していた。

判例E-1（最判平成28年）は，受益説と総額説を排斥し，債権額説及び個別説を採用したものとされる。その理由は，裁判外

90

第1 弁護士の隣接業務

の代理の業務が簡裁代理権に付随するものであるから，両者の範囲は同一のものであるべきであり，それが客観的な基準としても明確である点，複数の債権を対象とする債務整理の場合であっても，通常，債権ごとに争いの内容や解決の方法が異なるし，最終的には個別の債権の給付を求める訴訟手続が想定されるといえる点にある。

同最高裁判例の原審である大阪高判平成26年5月29日は，認定司法書士が，裁判外の和解について代理することができる範囲につき，さらに具体的な検討をしている。

まず，裁判書類作成関係業務の権限（司法書士法3条1項4, 5号）につき従来の判例を踏襲し，「司法書士が裁判書類の作成そのもの及びこの事務に付随する必要不可欠な業務のみを行うことが予定されている」として，「依頼者の意向を聴取した上，それを法律的に整序することに限られる。」としている。それを超えて，「法律専門職としての裁量的判断に基づく事務処理を行ったり，委任者に代わって実質的に意思決定をしたり，相手方と直接交渉を行ったりすることは予定されていない」とされた。

そして，同裁判例は，被告司法書士が依頼者に対して具体的に法律専門職として助言し，実質的な関与に応じて，単なる裁判書類作成関係業務の約20倍に及ぶ報酬を得ていたことから，全体として弁護士法72条の趣旨を潜脱するものといえ，暴利行為（民法90条）として無効であるとされた。

次に，司法書士としての説明・助言の懈怠に関して，善管注意義務に基づき，法律専門職として最善の手続について説明・助言すべき義務があるとされており，委任者が一定の意向を有するか

91

第3章　法的判断を要する法律事務

らといって，それに対応する事務処理を単に行うだけでは足りないとされている。

　そして，過払金返還請求をなすには，認定司法書士の代理権限を越えていたため，委任者本人に対し，本人訴訟での得失を詳細に説明・助言する必要があり，弁護士と司法書士のどちらに委任するかで，債務整理の目的を達成する上でいかなるメリット，デメリットがあるのか，つまり司法書士では専門的・裁量的判断に基づく処理を自らの発言で行うことができず，過払金の回収に支障が生じるおそれが予測できたのであり，リスクを十分に説明した上で，それでもなお司法書士に委任するのか確認する必要があったとされている。

　また，被告司法書士の説明内容が，司法書士も弁護士もほとんど変わらず，報酬は弁護士より司法書士の方が安いということを強調するようなものであったと認定され，結論として，説明・助言義務違反が認められた。

　さらに，被告司法書士の処理方針の誤りについても，過払い金の回収を待って全体としての弁済計画を策定し，その後に債務額の減額交渉をして和解することが最善の選択であったと認定されており，また受任通知から約9か月後に中核的部分の交渉を開始したことが，被告司法書士の過失として認められている。

　このように，裁判例においては，司法書士の善管注意義務は厳しく問われており，依頼者に不利益にならないよう，自らの権限の限界を細かく検討しておかなければならないと言えよう。

　⑶　認定司法書士制度の立法事実の消滅

　認定司法書士制度の導入においては，弁護士の不足・偏在を認

第1　弁護士の隣接業務

定司法書士によりカバーし，もって国民の法律生活の充実を図るものと考えられていた。

しかし，司法制度改革により，弁護士が激増した現状においては，弁護士においてカバーが可能となっており，もはや当初の立法事実が消滅したものとも言える。

上記判例後も，債権額説に基づいても困難な問題が指摘されている。例えば，依頼者の利益を図って，裁判の弁論併合や裁判上の和解をしようとすると，権限外となり，依頼者との利益相反が生じることである（自由と正義2016年12月号23頁）。認定司法書士による業務遂行が，必ずしも十全な法律生活の安全を確保できないことも明らかとなってきている。

その場合，隣接士業の統合として，認定司法書士を弁護士に取り込むことが，本来の立法事実に即したものとなる。

2　税理士業務

(1)　税理士法の定める業務は，税務相談，税務書類の作成・税務代理である。監督官庁は財務省（国税庁）である。税理士の資格が付与されるのは，税理士試験以外に，修士教授歴，税務官庁勤務など多数の例外がある。

(2)　税理士が訴訟に関与するケースとして，税理士の補佐人制度（平成13年）が挙げられる。税理士法第2条の2は，「税理士は，租税に関する事項について，裁判所において，補佐人として，弁護士である訴訟代理人とともに出頭し，陳述をすることができる。」と定める。この税理士の補佐人制度は，民事訴訟法第60条

93

第3章　法的判断を要する法律事務

が定める補佐人制度の特則であり，租税に関する訴訟が高度な専門性を有していることから，訴訟手続において，租税の専門家である税理士が補佐人として，納税者を常に援助し得ることが，申告納税制度の円滑，適正な運営に資することになるとの趣旨から設けられたものである。このように，税理士が納税者本人又はその代理人である弁護士の補佐人として裁判所に出頭及び陳述する限りにおいては，非弁行為との誹りを受けることはないと思われるが，実質的に代理人として活動する場合には非弁行為に該当すると思われる。

　また，税理士が裁判外で遺産分割協議の交渉・折衝に当たるケースも考えられる。分割協議の当事者間で遺産の範囲，遺産の評価等に争いがあるなど，将来紛争が発生することが予測される状況では，税理士が遺産分割協議の交渉・折衝を行うことも非弁行為に該当すると思われる。もっとも，相続や相続税に関する一般的なアドバイスの範囲では非弁行為には該当しないと思われる。

　しかし，弁護士の増員された現在では，遺産分割協議は弁護士が担当すべきである。税理士は，税務申告に限定して業務を行うべきである。税理士は，法的判断を要する遺産分割については，弁護士と提携して，あるいは弁護士に紹介して，処理すべきである。税務申告は，国民や会社のほとんどが税理士に依頼する。その際，税に関する不満や異議は極めて多いが，税理士がこれを汲み上げ，税務署と交渉したり，争うことに消極的である。欧米では，弁護士の内，税務に専門化した者が積極的に争訟をしている。弁護士にも税務弁護士との名称を付することを認めるべきである。

第1 弁護士の隣接業務

3 弁理士業務

(1) 監督官庁は経済産業省（特許庁）である。特許庁の審査事務に7年勤務で資格を与えられる。弁理士は特許法178条第1項，実用新案法47条1項，意匠法59条第1項，商標法63条第1項に規定する訴訟，いわゆる特許庁における審判等に関して，訴訟代理人となることができる（弁理士法6条）。これは，特許庁において出願から審判まで弁理士が代理することを考慮し，当事者の利益のためには産業財産権に関する専門家である弁理士を審決取消訴訟で訴訟代理人にすることが求められることから導入された。

(2) さらに，弁理士は特定侵害訴訟代理業務試験に合格し，かつその旨の付記を受けたときは，特定侵害訴訟に関して，弁護士が同一の依頼者から受任している事件に限り，その訴訟代理人となることができる（弁理士法6条の2）。1999年7月に司法制度審議会が発足され，最終的に2001年6月12日に取りまとめられた司法制度審議会意見書において，専門性の高い訴訟代理人の質的・量的拡大による紛争処理サービスの拡充が要請されたことから，弁理士に特定侵害訴訟の訴訟代理権が付与されることになった。もっとも，この訴訟代理権はあくまで弁護士との共同代理が義務付けられるほか，信頼性の高い能力担保措置を要するとされており，かかる能力担保措置を講じるために，日本弁理士会では希望する弁理士に，侵害訴訟の代理権に関する研修を受講させ，国が実施する効果確認試験を行うこととしている。

(3) 平成30年の弁理士法の一部改正により，データの利活用や標準化に関する義務が弁理士の業務として位置づけられたこと

95

第3章　法的判断を要する法律事務

から，その業務拡大は一段と進んでいる。

　このように弁理士業務は司法制度審議会の意見書が提出されて以降，その範囲を拡大し続けているものの，執筆者が調査した限りでは，弁理士が弁護士法72条違反として何らかの処分や処罰をうけた裁判例を探すことはできなかった。

　弁理士業務が弁護士法72条違反になり得るか，という文脈で検討される事例において，弁理士の単独による警告書対応は見解が分かれるところである。例えば，依頼者から権利者本人による侵害警告文が届いたので，回答書を出してほしいとの依頼を受けた場合，弁理士が単独で代理人として回答書を出すことに問題がないか，という点について，特許請求の範囲に属しない，との依頼者に回答をするのであれば，鑑定行為として，弁理士法の範囲とされるが，侵害訴訟を念頭に置いた回答書を送る場合は，弁護士法違反と解される恐れもあると考えられている。結局のところ，弁護士と連記で警告書を作成することが望ましく，非弁と言われないためにも弁護士との協力体制が必要となる。

（弁護士　中村智広）

4　社会保険労務士業務

　監督官庁は厚生労働省である。公務員として社会保険労働事務に10年勤務で資格を与えられる。

　弁護士の隣接業務である社会保険労務士（以下，「社労士」という。）が行うことのできる業務を概観すると，大別して2つの業務がある。1つは，事務代理業務であり，これについては，社会

保険労務士法第2条1項1号乃至3号に規定されている。すなわち，①労働及び社会保険に関する法令に基づいて申請書等（行政機関等に提出する申請書，届出書，報告書，審査請求書，異議申立書，再審査請求書その他の書類を作成すること（書類作成業務である），②申請書等について，その提出に関する手続を代わって行うこと（手続代行である），③労働社会保険諸法令に基づく申請，届出，報告，審査請求，異議申立て，再審査請求その他の厚生労働省令で定める事項について，又はこれらの申請等に係る行政機関等の調査若しくは処分に関し当該行政機関等に対してする主張若しくは陳述について代理することを行うことができる。相談や指導などのコンサルティング業務は，事務代理業務にあたり，社労士の主要な業務と言える。

　もう1つは，紛争解決手続代理業務である。当該業務は，特定社会保険労務士でなければ行うことができない。業務内容としては①個別労働関係紛争について厚生労働大臣が指定する団体が行う裁判外紛争解決手続の代理を行うこと（紛争価額が60万円を超える事件は弁護士との共同受任が必要），②個別労働関係紛争解決促進法に基づき都道府県労働局が行うあっせんの手続の代理を行うこと，③男女雇用機会均等法，育児・介護休業法及びパートタイム労働法に基づき都道府県労働局が行う調停の手続の代理を行うこと，④個別労働関係紛争について都道府県労働委員会が行うあっせんの手続の代理を行うことができる。すなわち，特定社会保険労務士は，不当解雇，残業代不払い，セクハラ，パワハラ，などの個別労働関係紛争について，裁判をせず，話し合いによって，トラブルを解決するというあっせん手続ができることになる。

第3章　法的判断を要する法律事務

　上記のような社労士の業務内容は，前述の弁護士法72条とバッ
ティングする可能性を孕む。上記斡旋手続は，紛争性や事件性が
顕著である。本書の第1章で解説した法的事件性のあることは明
白である。斡旋手続は強制力はないので訴訟になることも予定し
なければならない。弁護士と協働することが妥当だが，コストが
かかる。社労士が，本来の業務に付随し，また法令で拡大された
業務として，法律事務を取り扱えば，それは，法的事件性を有す
るものである。社労士は，自らの資格に一定の法律事務代理権や
和解代理権が付与された意義を十分に認識し，コストをかけない
で，弁護士と協働する必要がある。

(弁護士　山口哲郎)

5　行政書士業務

⑴　行政書士の業務の範囲

監督官庁は総務省である。公務員勤務17年で資格を与えられる。

① 　行政書士は，官公署に提出する書類その他権利義務または
　事実証明に関する書類を作成することを業務とするとされて
　おり（行政書士法第1条の2第1項），これらの書類を「代理
　人として作成すること」（1条の3第1条1項3号）や「書類
　の作成について相談に応じること」（同4号）を行うことが
　できるとされている。

② 　上記「権利義務に関する書類」とは，権利の発生，存続，
　変更，消滅の効果を生じさせることを目的とする意思表示を
　内容とする書類であるとされており（地方自治制度研究会編

第1　弁護士の隣接業務

『新版詳解行政書士法』19頁），例えば，各種契約書，示談書，遺産分割協議書などの文書はこれにあたるものと考えられている。

③　一方で，上記書類の作成であっても，「その業務を行うことが他の法律で制限されているものについては，業務を行うことができない」（同第2項）とされており，弁護士法72条との関係で問題が生じる。

(2)　弁護士法72条違反となる行為

①　実務上，行政書士により，依頼者の相談に応じて指導・助言することや，前提事実の調査を行うこと，依頼者の意向を相手方に伝達することなどが，上記書類の作成に付随して行われている。

　　紛争を伴うものでない限り，上記行為が行政書士の業務の範囲内であることには，異論はないと思われる。判例E-6は，遺産分割協議書作成にあたり，他の相続人に対し，遺産分割についての依頼者の意向を伝達し，協議書等の内容を説明することは行政書士の業務の範囲内であるとした。

②　しかし，上記のように，依頼者の単なる意思の伝達といった書類作成に付随する行為の範疇を超え，法的紛争についての相手方との交渉に及んだ場合，弁護士法72条違反となる。

　　判例E-6でも，紛争が生じ，争訟性を帯びた遺産分割に関して依頼者のために他の相続人と折衝を行うことは，弁護士法72条により制限されているとされている。

③　弁護士法72条にいう「その他一般の法律事件」について，

99

第3章　法的判断を要する法律事務

　最高裁は，「交渉において解決しなければならない法的紛議が生じることがほぼ不可避である案件に関するもの」と解釈している（判例D−1）。

　　上記判示からすれば，将来的に紛争が生じることがほぼ不可避である事案においては，現に紛争が生じているとはいえない段階において，上記書類を作成することや相談に応じて指導助言を行うこと自体，弁護士法72条により制限されることになり，そのような裁判例も存在する（判例D−5。寄与分及び遺産の保存費用に関して，相続人間に争いがあった事案。）。

④　紛争が生じているか，あるいは将来紛争が生じることが「不可避である」か否かは明確な線引きは困難である。

　例え紛争が生じていても，一般的な法律知識の範囲内で書類作成することは弁護士法72条に関するものではないと解する余地もあるが，紛争性が疑われる事案については，弁護士法違反となる可能性は否定できない。紛争性について議論があり得る内容の業務について行政書士が広告を行っているケースも見られるが，慎重な対応が求められる。国民生活センターは，行政書士が不当請求を行うアダルトサイトに対して，「返還請求」「解約交渉」を行うことは弁護士法に違反している可能性が高いと公表している。行政書士が行った交通事故の保険金請求に関する書類作成及びこれに付随する業務ついて弁護士法72条違反を認めた裁判例として，大阪高裁平成26年6月12日（判時2252.61）がある。

第2　コンサルタント業務

　非弁護士は，コンサルタント業務で，堂々と双方代理的調整を
している。弁護士は利益相反禁止の論理があるため極めて消極的
である。しかし，筆者の提唱する中立的調整行為として実施すべ
きである（法動態学講座2参照）。

1 M&A

　会社経営のコンサルタントを名乗るに当たって，国家資格や民
間資格は必要とされていない。そのため，各種士業に従事する者
や無資格の者も無制限に当該業務に参入できることもあり，コン
サルタントによる指導，助言等の業務が，非弁行為に該当するか
否かはしばしば問題とされてきた。

　とりわけ，M&Aに関するコンサルティングの場合には，法律
の解釈が問題となることも多く，法律上の効果が発生，変更する
事項の処理（各種合併，会社分割，事業譲渡など）について相談を受け，
助言をすることが含まれる場合も考えられることから，当該コン
サルタンティング業務を弁護士以外が行っていれば，弁護士法違
反（非弁行為）に該当するおそれも否定できないところである。

　この点について，東京高等裁判所が判例F-4（平成23年）の注
目すべき判断を行っている。全国紙でも報道されるなど，社会的
にも耳目を集めた事件であったようである。この事例の原判決で
は，被告人は，弁護士でなく，かつ，法定の除外事由がないのに，
報酬を得る目的で，経営不振から債権者への支払に窮している会

第3章　法的判断を要する法律事務

社経営者に対し，会社分割を行って事業や資産を移転する方法による事業再生を勧め，会社分割コンサルティングの名目で，一般の法律事件に関して鑑定その他の法律事務を行うことを企て，会社の代表取締役らに対して，次の①ないし③の行為に及んだ事実を認定し，もって，一般の法律事件に関して鑑定その他の法律事務を取り扱うことを業とした，という弁護士法違反（非弁活動）の事実が認定された。

① 「支払いたくない借入金，買掛金は旧会社に置いていき，売掛金等は新会社に持っていける。この方法は，会社法が変わったので合法です」などという説明をして会社分割による事業等の移転を勧め，コンサルティング業務委託契約を締結した

② 貸借対照表分解表のひな型及び新設分割質問表などの各種書類を電子メールで送付するなどして，会社分割の登記をさせた

③ 会社分割後の債権者対応に関する問い合わせに「仮に裁判してもらっても，こちらが勝っても負けても旧会社のことですので，新会社には全くとばっちりがきませんからご安心下さい」などと助言したりした

これに対し，被告人側は，被告人の行った事実について争いはないが，被告人は会社分割コンサルティング業を行っただけであり，「一般の法律事件に関して鑑定その他の法律事務」を行ってはいない旨を主張した。

具体的には，被告人は会社分割の登記手続を法務局に申請する作業は司法書士に行わせており，被告人のした会社分割について

第2　コンサルタント業務

の助言や作業は，次の①ないし③のとおり，その前段階のものにとどまり，会社分割コンサルティング業を行っただけで，そのことの対価として報酬を得ていたのであって，「一般の法律事件に関して鑑定その他の法律事務」を行っていないというものであった。

①　数ある再生手法の中から会社分割を推奨する助言

②　会社分割の是非を検討する助言

③　会社分割の登記のための書類を作成・収集する作業

これに対して，上記高裁判決は，弁護士法72条にいう「一般の法律事件」とは，「法律上の権利義務に関し争いや疑義があり，または，新たな権利義務の発生する案件」をいうと判示した上で，次の①ないし③の事実を根拠として，被告人は「一般の法律事件に関して鑑定その他の法律事務」を取り扱ったというべきであるとして，弁護士法違反（非弁行為）を認めた。なお，高裁判決は，司法書士が取り扱った法律事務があることをもって，被告人の行為が非弁行為にならないものではないと判示した。

①　被告人らが経営者らに助言指南した会社分割は新設分割（株式会社等が，会社法所定の手続に則り，新設分割計画に基づき，その事業に関して有する権利義務の全部または一部を，分割により設立する会社に承継させること）であった

②　被告人は上記①の是非を検討して判断し，経営者らに会社分割の推奨を助言した

③　経営者らに貸借対照表分解表のひな型及び新設分割質問表を送付して，資産及び負債の新旧会社への振り分け等をさせ，これに基づき新設分割計画書案を作成して送付するなどして会社分割登記に必要な書類を準備するなどした

103

第 3 章　法的判断を要する法律事務

　以上，上記高裁判決の判示からは，被告人の行った助言や作業が，いかなる意味で「一般の法律事件に関して鑑定その他の法律事務」に当たるのかは必ずしも詳細に明らかになったとはいえないが，少なくとも，会社分割に関する助言や作業が弁護士法違反（非弁行為）に該当する可能性のある行為であることが示されており，実務上参考になろう。

（弁護士　川村覚）

2　事業再生（ターンアラウンドマネジャー）

　事業再生の分野で全国的に活動しているのが，中小企業再生支援協議会である。中小企業再生支援協議会は，産業競争力強化法134条に基づき，中小企業再生支援業務を行う者として認定を受けた商工会議所等の認定支援機関を受託機関として，同機関内に設置されている。

　中小企業再生支援協議会では，事業再生に関する知識と経験とを有する専門家として，金融機関出身者，公認会計士，税理士，弁護士，そして，中小企業診断士を統括責任者（プロジェクトマネージャー）及び統括責任者補佐（サブマネージャー）として常駐させている。

　同協議会が重要な存在として位置づけられていることからしても，事業再生に関しては，様々な職種の者が多角的見地から進めなければならないものであることはいうまでもない。

　しかし，当然各々の職種間の職種領域の境界は明確ではなく，「事業再生ブラックジャック」を名乗る大阪市のコンサル会社社

第2　コンサルタント業務

長が経営不振企業の清算人に就任し，弁護士資格がないのに債務整理を手掛けて報酬を得ていたなどとして，2008年5月，大阪弁護士会所属の弁護士に告発されたように，事業再生への携わり方によっては，弁護士法違反（非弁行為）に該当するおそれも十分に考えられるのである。

　特に，中小企業診断士並びに今注目を集めているターンアラウンドマネージャーと，弁護士との関係が問題となる。

　中小企業診断士は，中小企業者に対し，その経営資源に関し適切な経営の診断及び経営に関する助言をすることを主な業務とする専門職である（中小企業支援法第11条）。そして，中小企業診断士には，独占業務がないため，中小企業と行政・金融機関等を繋ぐパイプ役や専門的知識を活用しての中小企業施策の適切な活用支援等など幅広くその職種領域を広げており，その活動領域を明確に線引きすることは難しい状況となっている。

　もっとも，中小企業診断士に関しては，弁理士や税理士と異なり，弁護士資格を持っていれば関連業務を遂行できるという定めがない。また，中小企業診断士に独占業務は無いものの，弁護士資格を取得するにあたって必要であった知識のみでは，中小企業診断士が携わる業務を遂行することは難しいといわれている。そのため，弁護士が中小企業診断士の資格を取得したり，弁護士と中小企業診断士が提携を組むなど，両職が協力して業務を遂行することが多いため，非弁行為として問題とされることは少なく，中小企業診断士の非弁行為が問題となった裁判例も見当らない。

　さらに，事業再生に特化した職種として注目されているのがターンアラウンドマネージャーである。ターンアラウンドマネー

105

第 3 章　法的判断を要する法律事務

ジャーとは，中小企業の事業再生・企業再建のための実践型の支援
を行ったり，再建が必要になる前段階で企業の危機を回避するため，
企業内部から企業改革を行う事業再生の専門家である。もっとも，他
の隣接業種と異なり，ターンアラウンドマネージャーは民間資格に留
まっており，業務内容等について法による規制は存在せず，業務内容
が過大化するおそれがあるといえる。そのため，業務内容によっては
非弁行為として弁護士法違反になりうることが懸念されており，ター
ンアラウンドマネージャーの活動に注目していく必要があるだろう。

（弁護士　相川雅和）

（参考文献）
・江口利光，大矢茂人，柏原雄一郎，杉本豊「事業再生におけるター
　ンアラウンドマネージャーのフォローアップ行動」神戸大学大学院
　経営学研究科・忽那憲治研究室（2009 年 12 月 17 日）
・中小企業再生支援全国本 http://www.smrj.go.jp/supporter/revitaliza-
　tion/index.html
・企業再建・承継コンサルタント協同組合 http://www.crc.gr.jp/semi-
　nar/tam/tam.html
・日本ターンアラウンドマネジメント協会「日本ターンアラウンドマ
　ネジメント協会及び資格制度について」

第 3　団体との提携

　弁護士が団体や会社と提携するときには，その団体が自己の法
律事務を扱うばかりでなく，第三者の法律事務を扱うときには，
72 条の非弁提携となるか否かが問題となる。

第3 団体との提携

1 地方自治体

無料法律相談会では，自治体が報酬を出すので，非弁活動にならない。その他，住民サービスの一環として，弁護士の支援を受けて，様々な業務を提供する。公益性のある業務で，72条違反は問題とならないので，弁護士は積極的に参加し，業務を行うべきである。

2 労働組合

労働組合は，労働組合法により，使用者との協議や交渉の当事者になれる。組合員の個人の代理人にもなれるものである。労働組合法の趣旨から72条違反とされない。組合費でまかなう場合，新規に組合員となる場合がほとんどである。しかし，表面上は，解雇無効を主張し，交渉しながら，実際には，退職の和解金を取得することを目的に，そこから報酬を受領する場合がある。民事の報酬請求は，72条違反として認められない。そのためもあり，最近では，労働審判に持ち込み，弁護士が代理するケースが多くなっている。

3 その他

会員制サービスの一環として，または企業の広報の一環として，弁護士による無料相談業務や弁護士の紹介業務を行うことがある。特に，ネットで行われることにより，問題が生じる場合が多い。

107

第3章　法的判断を要する法律事務

業者の業務に公益性のある場合，業者の主業務の付随業務である場合，消費者から受領する報酬が実費程度また適正である場合，市民の弁護士へのアクセスを便利にする場合などには，72条違反とならない。

（弁護士　遠藤直哉）

第4　AI法務

　AIの進化は現在，あらゆる分野で進行をしている。弁護士業務と裁判実務に影響を与えていることは確実であり，予想をする必要がある。結論としては，当面，72条で規制することは困難であるが，将来的には大きな課題がある。また，コストの面で今後大きな課題となる。AIの拡大につれて，法曹すべての分野で，省力化とコストダウンが発生する。現在では，法曹の質を抜きにして，法曹人口について激しく争っているが，今後は，どのような人材が，つまりAIに強い法曹がどのくらい必要かを争う時代となる。法曹の質や公益性をより明確にとらえなければならない。筆者が強調していることは，法曹とは，公共経済学の核である市場の失敗，政府の失敗を是正したり，そこから発生する被害を救済したり，紛争を調整する公共財の役割を担うことである。AIがこれを逸脱すれば，72条違反となる。まず，適正なコストが絶対条件となる。数社または独占的企業となる恐れがあり，利益相反に加えて，利潤目的で公益性を害する恐れがあり，そのときには，72条の規制が必要となる。

第4 AI法務

1 データ整理（短期的効用）

AIにより文献，判例，データ等の検索や整理が進むことは明らかである。この限りでは，主体は法曹であり，AIは補助でしかない。72条の規制はできない。但し，日本ではあらゆる面でデータが少なく，偏っているので，まずその充分な収集が課題となる。

2 法静態学（中期的効用）

弁護士業務においては，AIにより双方の調整可能な契約書作成ができる可能性がある。この場合でも，双方代理人弁護士が双方の立場でチェックする限り，弁護士の重要な役割は残る。訴訟提起の相談を受けたとき，判決予想をできる可能性がある。また裁判官がAIを使い判決を導き，これに依拠できる可能性もある。既存の条文，判例を下にAIが導くものは，法静態学としての成果である。AIが作業を8割方こなして，2割を法曹がすると想定すれば，72条違反ではなく，有効である。

特に，裁判所は，司法改革審議会の頃には，条文や判例に従い，説得的判決を出していた。しかし，ここ10年は裁判官はまともに記録を読んでいないのではないか，条文すら素直に解釈していない，判例も無視する，など，ともかくひどく後退している判決が多い。AI判決の方が整合性があり，平等公平で，公正なものとなると想定できる。しかし，後退判決は論外であり，人々は，社会と歩む判決を望む。AIには簡単にはできない。

109

第３章　法的判断を要する法律事務

3　法動態学（長期的効用）

「法動態学講座１及び２」を参考にされたい。法動態学によれば，法は日々前進するものである。法の変化には選択肢が複数あり，且つ人々の総意を見つける必要がある。人々の変化する総意のもとに修正しながら，次の判例，立法に変動させていくものである。現在，法学教育としての基礎理論がほとんど教育されておらず，今後法科大学院で基礎法学と実定法学の連携がされ，豊かな成果があれば，ようやくAIに注入できるであろう。AIに法動態学を教え込むのは，筆者の法動態学の提唱を受けて，勉強する者でなければならない。早急に多くの方々の協力を得て後進を養成したいものである。このプロセスを経ずに，企業に任せてしまうと，法静態学に止まるＡＩとなり，その結果，人権侵害や公益を害する結果となり，72条の趣旨に反することとなり，取締が必要となる。

（弁護士　遠藤直哉）

（参考文献）
・公益財団法人日弁連法務研究財団・第一東京弁護士会総合法律研究所IT法研究部会共催「シンポジウム　人工知能が法務を変える？」（2017）
・出井甫「AI創作物に関する著作権法上の問題点とその対策案」パテント Vol.69 No.15,（2016）
・東京弁護士会「特集：AIに関する法的論点と弁護士実務への影響」LIBRA10月号（2018）
・自由と正義2017年9月号（Vol.68 No.9）「特集：AIロボットの法律問題」
・人工知能法務研究会「AIBusinessの法律実務」日本加藤忠版（2017）

110

第4章

諸外国の規制

　日本では，弁護士法72条により，弁護士が法律業務を独占している。日本国民3373人に対して，弁護士は1人という割合である。弁護士約4万人に対して，隣接士業が約16万人いるからである。

1　米国モデルとその波及

　米国では，UPL規制という極めて厳しい非弁活動禁止の法令がある。弁護士でないものが法律サービスを提供することは禁止されており，弁護士という専門職が業務を独占している。それ故アメリカ国民264人に対して，弁護士は1人という割合である。規制は，ABA等の団体のほか，州の最高裁判所から授権された団体が規制をしており，懲戒権等は，裁判所に帰属していることが多い。

　UPLとは，Unauthorized Practice of Lawであり，法曹資格を有しない者による法律業務の遂行である。米国においては，非弁護士による法的助言や書類作成まで広く規制されており，法律業

111

第 4 章　諸外国の規制

務は弁護士が行うものとされている。UPL 規制は 20 世紀に厳し
く運用され，その実効性は，刑罰や州の弁護士会の懲罰や差止請
求によって実現されている。UPL 規制の理由としては，1：依頼
者保護，2：効率的な正義の運用，3：弁護士統制，4：過当競争
の防止とされている。UPL 規制の一つとして，ABA の弁護士模
範倫理規定や州の倫理規定などでは，弁護士等と法曹資格を有し
ない者とによる事業体の構成が禁止されていたり，その修正等が
されている。そして弁護士は訴訟の内外を問わず同一の権限をも
つ弁護士一元主義であった。

　この米国モデルは，20 世紀後半から欧州に波及した。フラン
スでは，1971 年に弁護士（avocet）と代訴士（avoué）が統合された。
1990 年に弁護士と法律顧問職（conseil juridique）が統合された。
イギリスでは，1990 年以降，訴訟担当のバリスターと訴訟外業
務担当のソリシターの二元制が緩和されつつある。ドイツでは，
以前より弁護士内の一元制であったが，増員と共に訴訟中心から
訴訟外業務へと拡大され，隣接法律職を吸収する弁護士一元化へ
向かいつつある。

2　英国の LSB と ABS

　英国では，米国モデルを入れ，弁護士 2 元制を緩和しつつある
ものの，サッチャーの自由化政策，消費者運動により，弁護士の
法律業務独占が崩れつつある。現在では，イギリス国民 406 人に
対して，弁護士は 1 人という割合である。

　LSB とは，Legal Services Board の略称である。クレメンティ

レポートを受けて 2007 年 10 月に制定されたイギリスの法律サービス法に基づき，設置された機関である。バリスター，ソリシターなどの各種法律専門職を横断的に監督する委員会のことである。イギリスにおいては，各種法律専門職を監督する団体が多岐にわたっており複雑化してきた。これらを一本化することとしたもので，各自主規制機関を LSB の傘下に置くこととしたものである。LSB の委員長は法律家でなくてはならず，委員の人数は 7 名以上 10 名以下とされ，その過半数は法律家ではない者でなければならない。

　LSB は，政府からも，各法律専門職からも独立した機関とされている。Law Society などの団体も，LSB の傘下に置かれるため，弁護士自治を侵害するとの指摘もある。しかし，委員の過半は民間から選ばれ，任命についてはイギリス最高裁と協議をすることとされており，弁護士自治への配慮がなされている。また Law Society などの団体は，LSB に対して責任を負い，LSB は議会に対して責任を負うものとされている。

　イギリスの法律サービス法においては，新規事業体 ABS（Alternative Business Structure）として隣接法律職や非法律職との間の共同事業を広く認めるに至った。米国の ULP 規制とは異なり，法曹資格を有する者と有さない者とによる事業体の構成，事業の遂行を許容している。ただし，構成割合については，規制があり，一定程度の割合による弁護士の関与が認められている。

　英国の上記状況は，世界における米国モデルの波及に対する例外と言わねばならない。過激な市場主義，新自由主義に基づくものであり，法曹の公益性を考慮しないものである。米国で発展し

第 4 章　諸外国の規制

た公共経済学は，法曹を公共財と位置づけ，その公共性や公益性を認めている。英国では，そのような理論武装がされないまま，押し切られてきた。本書を含む法動態学講座シリーズは，世界に向けて，英国の妥協を排して，米国モデルとその理論位置づけを提唱とするものである。

（弁護士　石田卓遠，遠藤直哉）

（弁護士　岩渕史恵）

弁護士法72条違反をめぐる判例

	裁判年月日	事　実	判　旨
A-1	最大判昭和37年10月4日（刑集16巻10号1418頁）【熊本債権取立事件】無資格者 刑事事件：有罪	弁護士でない被告人が、業として、昭和35年7月上旬から同年10月27日ごろまでの約3か月の間に債権者3名から債権取り立ての依頼を受けて、債務者16名から合計金49万4290円を取り立て、報酬として金4万0895円の交付を受けた事案。	弁護士でない者が報酬を得る目的で通常の手段では回収困難な債権取り立ての委任を受け、債務の免除等の諸種の行為を行なうことは、請求、弁済の受領、その他一般の法律事務に関連して、「その他の法律事件」を取り扱った場合に該当するとした。
A-2	東京高判昭和39年9月29日（高刑集17巻6号597頁）【自動車事故共済会事件（第二審）】無資格者 刑事事件：有罪	被告人は、「自動車事故共済会」の名称で、会員の自動車事故による損害賠償の示談交渉、自動車損害賠償責任保険の保険金の請求、その受領、示談金の受領等の示談交渉・示談契約、加害者側との示談交渉、示談金の受領等の諸行為を示談金の一割を準備資金名目で受領していた事案。	自動賠償保険金の交付を受けることにつき必要な書類を作成提出するなど、これが請求に関する一切の手続をなし、かつ、決定された保険金を受領する行為は、弁護士法72条の「その他の法律事務」にあたるとし、行為者（元法律事務所事務員）を有罪とした。

弁護士法72条の「その他の法律事件」とは、一般的に法律上の権利義務に関し争いや争議があり、または新たな権利義務関係の発生する案件について法律上の効果を発生、変更する事項の処理をいう。そして、被告人のした行為は、法律行為にほかならなく、単なる機械的な事務ではないとした。 |
| A-3 | 札幌高判昭和46年11月30日（刑裁月報3巻11号1456頁）【札幌保交商事件（第二審）】無資格者 刑事事件：有罪 | 被告人は、「札幌保交商事」の名称で、札幌弁護士会所属弁護士を顧問として事務所を構え、事務員を雇うなどして、会社や個人4人から会費（車両一台につき年間2000円、後に3000円に増額）を徴収し、会員のために、交通事故などが発生した場合に、自己の相手方と示談交渉、示談契約書の作成、保険金の請求手続 | 弁護士法72条の「その他の法律事件」とは、同条例示の法律事件以外の、「権利義務に関し事件につき又は新たな権利義務関係を発生させる案件」を指すと解するとして、原審の制限解釈について明確性ないし合理性に欠けるとして、これを否定し、各事実において、その余の事実と同様、「その他の法律事件」を取り扱った法律事件に該当するとした。 |

115

弁護士法 72 条違反をめぐる判例

裁判例・事件	事案	判旨
札幌地判昭和46年9月23日（刑裁月報3巻2号264頁）【札幌保交商事事件（第一審）】無資格者 刑事事件：有罪	を事務を引き受けるなどしていた事案。	弁護士法72条本文前段にいう「訴訟事件……その他一般の法律事件」とは、法律事件の一切を含むものではなく、「紛争の実体、態様などに照らして、通常人の法律知識をもって十分処理できる事件に依頼し」は考えることを考えないよう当該本人が、簡易、少額な額のうち一部について、無罪とした。
A-4　最三判昭和51年3月23日（裁判集刑199号861頁）【交通事故処理代行事件】無資格者 刑事事件：有罪	被告人が、報酬を得る目的で、昭和38年11月ころから同41年10月ころまでの間に、4回にわたり、債務者各名から、貸金の取立、手形債権の取立、交通事故に基づく損害賠償の請求、土地の売買交渉及びこれに付随する手続等の法律事務を受けて事務処理を行い、報酬を受けた事案。	弁護士法72条にいわゆる「業とする」とは、反復継続して行う意思のもとに、ある種の行為をなすことをいうものと解されるところ、おおよそ、ある種の行為をある程度行って反復継続の意思の認定をするにあたっては、当該本人が同種行為をいるか否かを認定するに若くはないのであって、それは本人以外の者の同種行為の存在をも調に基づき適切な証拠に基づいて認定をする限り、起訴事実以外の被告人の同種行為の存在を間接事実として右認定をすることを妨げないとした。
B-1　最判平成14年1月22日（判時1775号46頁）【預託金返還請求事件】無資格者 民事事件：破棄差戻し	上告人は、ゴルフ会員権の売買等の業とする会社であるが、ゴルフクラブの会員から預託金の額を下回る価格でルフ会員権を譲り受け、ゴルフ場経営会社を被告として預託金の返還請求訴訟を提起するという行為を繰り返していた。その一環として被上告人が経営するゴルフクラブを譲り受けた被上告人に対し、会員Aから譲り受けた会員権について預託金の返還請求を提起した事案。	弁護士法73条の趣旨は、権利の譲渡を受けることによって、みだりに訴訟を誘発したり助長したりするほか、同法72条本文の利益に対する弊害が生ずることを防止して、国民の法律生活上の利益に対する弊害が生ずることを防止するところにあるとして、形式的には、他人の権利を譲り受けて業とすることに当たるとしても、他人の権利の実行を目的とする行為をもってする訴訟等の手段によって権利の移転を受けることは、社会的経済的に正当な業務の範囲内にあると認められる場合には、同法73条に違反しないとし、社会的経済的に正当な業務の範囲内の行為であるかどうかを判断するため原審に差し戻した。
C-1　最判平成24年2月6日（刑集66巻4号85頁）【無許可不良債権回収事件】無資格者（登録金融業事件）	被告人を代表者とする被告人株式会社は、登録賃金業者であるが、自らは貸金業登録を行わず、サービサー法3条の付款務を行わず、法務大臣の許可に関する法務大臣の許可を受けないまま、消費者金融業者が、債権管理回収業の許可を受けないまま、消費者金融業者…	法務大臣の許可を受けないで、消費者金融会社から、通常の状態では回収が困難な貸付債権を譲り受け、同債権に関して自らは満足を得るのが困難な貸付債権を譲り受け、取立のための請求をし、弁済を受けることをもってその管理回収に関する特別措置法33条1号、3条に該当するとした。

		事案	
	者） 刑事事件：有罪（サービサー法33条1号、3号違反）	ら過払い状態等の不良債権をそれと認識して安く譲り受け、その管理回収を行っていた。債権の制限額内に引き直すことなく請求するなど、自宅や勤務先へ連絡するなどにより債務者に支払いを要求し、支払条件を交渉して、分割払いの方法などで弁済を受けていた事案。	
D-1	最一決 平成22年7月20日 （刑集64巻5号793頁） 【不動産立退交渉代行事件（スルガコーポレーション地上げ事件）】 無資格者 刑事事件：有罪	土地家屋の売買などを営む被告人B社の代表である被告人C社、不動産売買業などを営む被告人A社との間で、A社所有のビルの賃借人74人との間で、賃貸借契約の合意解除を交渉し、各室を明け渡させる等の業務を行い、その対価として報酬を受け取る旨の委託契約を結んだ。そして、被告人らは、A社に、報酬分など立ち退き料等の交渉経費分を合わせた多額の金を一括して受領して、賃貸人らに支払い、立ち退かせる受任事務を完了した事案。	弁護士資格等がない者らが、ビルの所有者から委託を受けて、そのビルの賃借人らと交渉して賃貸借契約を解除した上で各室を明け渡させるなどの業務を行ったことについては、その業務が、立ち退き料等をめぐって交渉等がされて解決しなければならない法的紛議が生ずることがほぼ不可避である案件に係るものであって、弁護士法72条にいう「その他一般の法律事件」に関するものというべきであり、その際、賃借人らに不安や不快感を与えるような振る舞いをしていたなどの本件における具体的事情のもとでは、同条違反の罪が成立するとした。
D-2	広島高決 平成4年3月6日 （判時1420号80頁） 【不動産仮差押異議申立事件の決定に対する保全抗告事件】 不動産管理業者 民事事件：被保全債権である報酬請求権について、無効な契約に基づくものとして疎明が不十分とした	Yは、賃貸人X居住の土地上の建物を取り壊し、当該土地を買い受けるとの約束を取り付けた上で、前所有者から土地建物を買い受け、「宅建業者である」Xに対し期限までに同建物の報酬を支払うと約束し、Xは期限までにこれを完了ずした事案。	賃貸人の代理人として、その賃借人らとの間で本件建物に係る賃貸借契約を合意解除し、当該賃借人らに本件建物から退去してこれを明け渡して貰うという事務を行い、報酬をもらうことは法は弁護士法72条の法律事務にあたるとし、「業として」なされるこれらの事務について、当該受任事務は本来の業務の傍ら取り扱ったものとは認められないとし、当該受任事務の営む事業はXの営む宅建業の一環で、偶々相手方のために本来の業務の傍ら取り扱ったものとは到底認められないとし、また、Xが本件事務を取り扱ったのか初めてであったのか否かは到底認識し得るものであったとしても、立退交渉の相手方が多数に上ること等から「業」として」なされたというべきであるとし、たとえXが本件事務を取り扱ったことは本来の業務の一環で、偶々相手方のために取り扱ったものとは到底認められないとした。

弁護士法 72 条違反をめぐる判例

E-1	最一判平成28年6月27日 （民集70巻5号1306頁） 【損害賠償請求事件（和歌山事件・第一審）】 認定司法書士 民事事件：弁護士法72条違反に係る報酬を損害として、請求の一部を認容	Xらは、認定司法書士Yらに対し、債務整理を依頼した。Xらの負う債務は、元本総額1210万円余り、過払金総額1900万円余りで、その中には元本517万円余りの債権など司法書士法3条1項7号に規定する額である140万円を超えるものもあった。Yらは、Xらの債権者である各貸金業者と交渉し、過払金の返還や残債務の分割払いとする債務整理を成立させ、債務整理業務の対価として報酬を得た。Xらは、Yが認定司法書士が裁判外の和解行為にあたることを得たことなどが不法行為にあたるとして、Yに報酬相当額の損害賠償を求めた。	認定司法書士が裁判外の和解について代理することができる業務を行う時点において、委任者や、和解の交渉の相手方など認定司法書士との関係だけでなく、客観的かつ明確な基準だけで決められるべきであり、認定司法書士が和解の成立によって受ける経済的利益の額や、債務者が必ずしも容易には認識できない、債務整理を依頼された時点で初めて判明する債権の額など、受任者である認定司法書士の関係でも、その債務整理を依頼された債権の対象となる額などによって決められるべきではない」とし、認定司法書士は、価額が第3条1項7号に規定する額を超える場合には、その債務整理に係る裁判外の和解について代理することができない」とし、受益説及び個別説を採用した。
	大阪高判平成26年5月29日 （金融・商事判例1198号16頁） 【損害賠償請求事件（和歌山事件・第二審）】 認定司法書士 民事事件：弁護士法72条違反に係る報酬を損害として、請求の一部を認容（増額）		控訴審は、司法書士法3条1項7号の「『紛争の目的の価額』は、債権残高が発生することの貸金返還訴訟における過払金の価額又は過払金の価額、すなわち、貸金債務の元本額又は訴訟の目的の価額であるが、6件の債権債務について、140万円を超え、Y1は認定司法書士の権限を逸脱したとし、さらに、報酬の過大請求、一部の債務整理の処理方針の誤りを認め、債権額につき個別説を採用して、債権額を変更し、認容額を増加させた。
	和歌山地判平成24年3月13日 （民集70巻5号1347頁） 【損害賠償請求事件（和歌山事件・第一審）】 認定司法書士 民事事件：弁護士法72条違反に係る報酬を損害として、請求の一部を認容		司法書士法3条1項7号の「『紛争の目的の価額』とは、当該民事紛争において裁判外の和解が成立しなかった場合に、相談を受けて認定司法書士が『通常想定する訴訟』における『訴訟の目的の価額』として基本的に受益説に立って考えるべきものと考えることにつき、「個々の相談者の債務について、Yの行った業務の一部につき、認定司法書士の代理権の範囲を逸脱しているとし、さらに、同条1項及び5号所定の「司法書士

弁護士法72条違反をめぐる判例

	筆として、請求の一部を認容		に許容された裁判所宛提出書類作成業務等は、法律常識的な知識に基づく整序的な業務の一部に限って行われるべきこと」として、Yの行った業務の一部について、裁判所宛提出書類作成業務等の範囲を逸脱し、弁護士法72条に違反するとした。
E-2	高松高判昭和54年6月11日（判例946号129頁）司法書士 刑事事件：一審無罪部分訴因4個のうち3個につき逆転有罪、1個につき無罪維持	司法書士が、複数人に対し、法律相談に対して法的アドバイスをし、訴訟追行の手続の指南や訴状などの書面の作成、示談交渉を行い、これに対する謝礼を受領した事案。	司法書士の業務につき、「法律常識的な知識に基づく整序的な事項に限って行われるべきもので、それ以上に専門的な鑑定に属すべき事項につき、代理ないし事務に立ち入ったり、代理の方法で他人間の法律関係に立ち入ることは司法書士の業務範囲を超えたものと解わなければならない」とした。その上で、自己の法律知識に基づき事件等の内容を判断し、これを訴訟関係書類に作成又は訴訟以外と の指導等を行ったものについては、司法書士の作成する書類の嘱託により若干事実調査や判例を調べて作成したり、一般的な法律常識的な事項を教示したにとどまるものについて、司法書士の業務の範囲内として…た。
E-3	富山地判平成25年9月10日（判例2206号111頁）司法書士【不当利得返還請求事件】 民事事件：司法書士の本件における代理行為は無効であり、訴訟条件を欠き訴え却下	原告が、貸金業者である被告に対し、本人訴訟において不当利得に基づく過払い金返還請求及び不法行為に基づく損害賠償請求訴訟を提起した。訴訟行為はいずれも原告が行っていたが、その処理方針は司法書士が決定指示しており、原告もこれに従って訴訟を提起していて、本件訴えの提起が民訴法54条1項に反しないか問題となった事案。	司法書士に代理権限のない範囲の訴訟について、形式的には本人名義として不当利得及び司法書士が訴訟を実質する場合には、代理であっても民事訴訟法54条1項違反となるとし、訴えを却下した。
E-4	最判平成12年2月8日（刑集54巻2号117頁）行政書士 行政事件：有罪 憲法判断：合憲	行政書士が有限会社の取締役任所変更登記等17件の登記申請代理行為を行い、逮捕勾留された事件で、司法書士でない者の登記代理業務を禁止し罰則を設けた司法書士法の合憲性が問題となった事案。	行政書士が司法書士として登記申請手続きについて代理をすることは、司法書士法19条（現73条）1項に違反するとし、司法書士でない者の登記代理業務を禁止し、違反に刑罰を科した同条項、25条（現78条）1項は、憲法22条1項に違反しないとした。

弁護士法 72 条違反をめぐる判例

E-5	東京地判平成27年7月30日 （判例時報2281号124頁） 【損害賠償請求事件】 行政書士 民事事件：非弁行為の支払った報酬及び依頼者の本来の相続分から払った額を、実際に相続した額を控除した額を損害として認めた	行政書士が、共同相続人の一人（依頼者）から遺産分割にかかる事件を受任し、120万を超える報酬を受けたが、依頼者の承諾のないまま、依頼者の寄与分や相続財産から支払すべき保存費用などを考慮せずに遺産分割協議を成立させたため、依頼者が損失を被ったとして行政書士に損害賠償を請求した事案。	被相続人の相続手続において、将来法的紛議が発生することが予測される状況において書類を作成し、相談に応じて助言指導し、交渉を行った被告人の行為は、行政書士法72条により禁止される業務（行政書士法1条の1第1項）に当たらず、また弁護士法72条に当たり、一般の法律事件に関与する法律事務に当たり、行政書士が行うことが制限されるべきできるとし、既払い報酬額、依頼者の本来の相続分から、実際に相続した額を控除した額を損害として認めた。
E-6	東京地判平成5年4月22日 （判例タイムズ829号227頁） 【報奨金請求事件】 行政書士 民事事件：非弁行為に係る報酬請求について請求棄却	行政書士が、依頼者の相続人と共同相続する遺産（不動産）を、依頼者名義の単独名義にするため、依頼者以外の相続人から遺産の持分を買い集める事務の代行の依頼を受け、これを完了したとして、依頼者に報酬を請求した事案。	相続財産、相続人の調整、相続分なきことの証明書や遺産分割協議書などの書類の作成、これら書類を相続人に説明する行為、遺産分割について折衝することにもかかわらず他の相続人と交渉したのは行政書士のなしうる業務の範囲外であると、行政書士の立場と関係なく司法書士がその説明行為であると、行政書士の立場から登記の依頼をした事務処理の限度で報酬請求を認容した。所有権移転登記の依頼をした事務処理の限度で報酬請求を認容した。
E-7	広島高判平成24年9月28日 （判時2179号66頁） 【損害賠償請求控訴事件】 認定司法書士 民事事件：本訴棄却 反訴棄却	債務者から債務整理を受任した認定司法書士の認定業務を受任した認定司法書士が、貸金業者と交渉し、貸金業者間で、貸金業者が利息を放棄して元本の長期分割弁済を内容とする。その後、債務弁済契約が成立した。認定司法書士は弁護士法72条に違反するとして、不法行為に基づく損害賠償請求を求めた（本訴請求）のに対し、認定司法書士が貸金業者の訴えに基づく損害賠償請求の反訴を提起した。	まず、本訴被告不法行為の成否について、故意否定した。その上で過失について、債務整理における認定司法書士の代理権の範囲について、いわゆる債権額説の対立があるが、…最高裁判例はなく、下級審裁判例も見解が一致したとは言えなかった状況にあったとして、否定した。なお、受益額説の対立が分かれない状況にあることから、認定司法書士が受益額説に一致したとは言えない状況を十分検討したこと、最高裁判所の判例がないこと、下級審裁判例も見解が可能性を十分検討した疑問性が疑問があること、債務額説の履行可能性を十分検討した疑問性が疑問があったことを指摘した。

120

	起した事案。	
E-8 神戸地判平成20年11月10日 （LLI/DB 判例秘書登載） 【雇用契約請求事件】 認定司法書士 民事事件：不利益取り扱いは不法行為となるとし、相当額の慰謝料を認めた（退職合意は有効で地位確認請求等は棄却）	被告（司法書士）の司法書士事務所に雇用されていた原告（事務員）が、非弁活動の通報等を理由として被告の退職強要等の不利益取り扱いが不法行為を構成するとして賠償請求を、雇用契約の合意解除が公益通報者保護法違反により無効であるとして地位確認を請求した事案。	認定司法書士の代理権の範囲について、金銭債権に関する紛争の価額（司法書士法3条7号）は、「紛争の目的の価額」を意味するとし、債権者が主張する裁判外代理業務の範囲を「弁済計画の変更によって債務者（依頼者）が受ける経済的利益」によって画するという考え方は相当ではないとして、和解によって行っていた紛争の目的の価額について、最終的に弁済合意がされた219万3746円を下回ることはあり得ないとして、認定司法書士の権限外であるとした。
E-9 札幌地判昭和45年4月24日 （判タ251号305頁） 【土地根抵当権設定登記手続事件】 司法書士 民事事件：弁護士法72条違反を否定	司法書士が、依頼者から依頼を受けて、根抵当権設定契約及び代物弁済契約をしたところ、当該司法書士は弁護士法72条に違反する行為となった事案。	「一般の法律事件」とは、同条に列挙されている訴訟事件その他の具体的例示列挙に準ずる程度に法律上の権利義務に関して争いがあり又は争いを有する事件、いいかえれば事件というにふさわしい程度に疑義を生じしたものであることを要するとした。そして、本件根抵当権設定契約および代物弁済契約は金融取引の正常な過程においてなされたものというべきであるから「一般の法律事件」には当たらないとした。
E-10 最判平成29年7月24日 （民集71巻6号969頁） 【過払金返還請求事件】 認定司法書士 民事事件：和解契約締結について弁護士法72条違反を認めたが、無効とはせず控訴棄却	債務者の破産管財人（被上告人）が、貸金業者（上告人）に対し、債務者との間の継続的な金銭消費貸借取引に係る各弁済金が過払金が発生しているとして、過払金の返還等を求める訴訟において、過払金の返還に基づき、認定司法書士が債務者との間で裁判外で締結した和解契約の効力が争われた事案。	認定司法書士が依頼者を代理して裁判外の和解契約を締結することが弁護士法72条に違反する場合であっても、当該和解契約は、その内容および締結に至る経緯等に照らし、公序良俗違反の性質を帯びるに至るような特段の事情がない限り、無効とはならないとした。

	判例	事案	判旨
F-1	東京地判平成4年7月31日 (判例タイムズ832号121頁) 【配分金請求事件】 不動産仲介業者・不動産販売業者 民事事件：弁護士法72条違反とまでは認定せず、民法90条違反により請求棄却	Yの提起していた訴訟（訴外Aらを相手にした、元Y所有土地の所有権移転登記抹消登記手続請求訴訟。Y敗訴し、控訴）について、不動産販売業を営むXと不動産仲介業を営むX₂が、互いに協力し、和解案などを三者の合意により決めるものとし、Yに利益が出たときは三者で分配すること等の覚書を締結したが、Yは控訴審これとは別に訴訟を和解で取り下げ、和解金9000万円を受領で終了させたため、Xらが配当金を請求した事案。	Xらの行動は、ただちに弁護士法72条に違反するものとまでは認められないが、弁護士の正当な訴訟活動を大きく阻害するに至る経過、本件覚書の内容やX₂らの行動に照らせば、本件覚書は、きわめて反社会性の強いものであって、民法90条により無効であるとして、X及びX₂の請求を棄却した。
F-2	広島地判平成18年6月1日 (判例1938号165頁) 【非公開株式売買あっせん報酬請求事件】 コンサルタント 民事事件：請求棄却	原告は被告との間で、被告が所有する非公開株式の売却を原告に委託することを目的とするコンサルタント契約を締結し、①主位的に、原告の契約成立の証務を成功させたこと、②予備的に、受任事務は解除されたとしても受任事務はほとんど終了していたことを主張して、同契約に基づく報酬等を請求した事案。	非公開株式の売買にあって、売却先の選定や売却価格、売却の手続等を巡って生じ得る争いや交渉を非専門家が行い得るとすることは見易い道理であり、売買案件の売却先又は相手方が不適正な価格による取引を強いられるおそれがそれぞれが類型的に存在するとし、これらは実質的にも専門的法律知識と別の事務処理能力に存在するものと担保された弁護士に独占させることが国民の法律事件に関する一般の利益に適うものと解される。本件コンサルタント契約は、本件において該当する弁護士法72条に違反する契約であり公序良俗に反し無効であるとした。
F-3	東京地判平成25年8月26日 (判時2222号63頁) 【不当利得返還請求事件】 無資格者 民事事件：請求認容	警察官経験者の経営する会社（原告）が、恐喝被害者（原告）との間で、恐喝行為に対する対抗手段をとる旨の契約を締結し、顧問料等の報酬を得る旨の契約を締結し、顧問事件について警察に被害届を作成し、捜査を促す活動をするため被害届を提出し、被害事件について警察に被害届を作成し、証拠品を預かってその後の被害届の取調べに同行し、被告の提出やその後の顧問契約料などを行ったのち、原告が当該顧問契約料等は無効であるとして既払いの顧問料等	被告の行った業務が、弁護士法72条にいう「法律事務」にあたることは明らかであるとし、被告代表者、被害届の提出による捜査の促しなど、恐喝被害の拡大を防止するため、被害届の提出等による法律事務を主とするものと得る目的であり、被告が得る報酬を被告の業務として行う対価としての顧問契約を締結したものであり、被告は、弁護士である原告の顧問契約を締結したにもかかわらず、報酬を得る目的で法律事務を取り扱うことを業とするために、この顧問契約を締結したものであるとした。

弁護士法72条違反をめぐる判例

		の返還を求めた事案。	
F-4	東京高判平成23年10月17日（東京高等裁判所判決時報刑事62巻1〜12号103頁）コンサルタント 刑事事件：有罪	弁護士でない被告人が、報酬を得る目的で、支払いに窮している会社経営者らと面談をなし、会社の再建方法として会社分割を指南した事案。	被告人らが会社経営者に指南した会社分割は、新設分割であり、会社がその事業に関して有する権利義務を分割により設立する会社に承継させることであるとし、そして、被告人はその是非を検討して判断し、経営者らにひな型や新設分割質問回答票の推奨を助言して、資産および負債の振り分けなどをさせ、新設分割契約案を作成して送付するなど新設分割登記に必要な書類を準備するなどとした行為は「一般の法律事件に関して鑑定その他の法律事務」を行ったということができるとした。
F-5	大阪高判昭和43年2月19日（高裁刑集21巻1号80頁）無資格者 刑事事件：有罪	弁護士でない者が、報酬を得る目的で、刑事被告人のためにその刑の執行延期を申請した事案。	弁護士法72条にいう「法律事件」とは、「法律上の権利義務に関し争いや疑義があり、又は、新たな権利義務の発生する案件」をいうと解すべきとした上で、刑の執行後直後に行なわれるものであって、刑事訴訟事件そのものではないが、国家権力による法的強制であり、その執行延期申請はその始期といった法的強制であり、刑事訴訟事件というべきであるから、その処理は法律事務にあたるとした。
G-1	東京地判平成29年2月20日（判タ1451号237頁）【不当利得返還請求事件】インターネット記事事件 民事事件：代行業者の報酬についての不当利得返還請求認容	インターネット上に名誉を棄損される記事を掲載された原告が、被告が当該インターネット記事の削除を代行する旨の契約に違反して無効であるとして、被告会社に対し、既払いの報酬につき不当利得返還請求をなし、その他不法行為に基づく損害賠償請求をなどを請求した事案。	依頼を受けた業務が、「ウェブサイト運営者側に対し立てなしにより、これにより本件各記事の侵害状態が除去されるという効果を発生させるものであるから、単純かつ画一的に行われるものとはいえず、新たな権利義務関係を発生させるものにあたると解し、通報用のフォームを用いて削除を依頼することは、「原告の人格権に基づく削除請求権の行使により、ウェブサイト運営者に対し、削除義務を、明確化する事項の処理」にあたるとした。
G-2	東京高裁平成7年11月29日（判例時報1557号52頁）【損害賠償請求事件】（第二審）	弁護士が登記申請代行業務をしたところ、司法書士が登記代行業務は司法書士の専属的職務行為であると主張し、弁護士の顧問先に通知したことから、弁護士が当該通知をした司法書士会に対し	原審の結論を維持しつつ、損害について一部拡張を認めた。

123

弁護士 民事事件：被告控訴棄却、原告控訴一部認容（増額）	し名誉棄損により損害賠償を請求し、登記代行業務が司法書士の専属的職務行為であるのか問題となった事案。	
浦和地判平成6年5月13日 （判時1501号52頁） 【損害賠償等請求事件（第一審）】 弁護士 民事事件：名誉棄損を認め損害の一部について請求認容		弁護士法3条及び72条の「その他の法律事務」に「事件性」は不要であるとし、弁護士法3条1項所定の「その他の法律事務」には登記申請代理業務が含まれるとした。

［参考文献］

阿部泰隆（2012）『行政書士の業務：その拡大と限界』信山社.

American Bar Association, Commission on Nonlawyer Practice (1995) *Non Lawyer Activity in Law-Related Situations: A Report with Recommendations.*

遠藤直哉（2012）「ソフトローによる社会改革」幻冬舎ＭＣ

―（2018）『法動態学講座１―新しい法科大学院改革案―AI に勝つ法曹の技能―基礎法学と実定法学の連携―』信山社

―（2018）『法動態学講座２――新弁護士懲戒論為すべきでない懲戒５類型為すべき正　当業務型―法曹増員後の弁護士自治―』信山社

久保山力也（2012）「『隣接』の解体と再生」法社会学 76 号 219-238 頁

河野順一（2006）『特定社会保険労務士紛争解決手続代理業務の手引〈1〉トラブル解決編』

酒井書店育英堂

―（2012）『不当な残業代請求のことならこの社会保険労務士に任せたい』酒井書店育英堂

―（2012）『無敵の就業規則のことならこの社会保険労務士に任せたい』酒井書店育英堂

萩原金美（2002）『法の支配と司法制度改革』商事法務

―（2013）『検証・司法制度改革Ⅰ――法科大学院・法曹養成制度を中心に』中央大学出版部

平野龍一（1996）「刑法の基礎」東京大学出版会

森勇・米津孝司（2014）「ドイツ弁護士法と労働法の現在」（中央大学出版部）

日本弁護士連合会『自由と正義』特集

―（2006）8 月号「特集：諸外国における非弁護士活動規制の法制度」

―（2009）11 月号「特集：隣接士業問題の現状と今後の方向性について」

―（2016）12 月号「特集：認定司法書士をめぐる最高裁判決と弁護士法 72 条に係る諸問題」

坂本廣身（2014）『行政書士の繁栄講座――司法改革と行政書士の将来像――』LABO.

司法改革研究会（2018）「社会の中の新たな弁護士・弁護士会の在り方」日弁連法務研究財団 JLF 叢書

〈第 1 章Ⅶ〉

池永知樹「弁護士の社会階層への浸透過程と現代課題 —— 中間団体モデルを
　基軸として」

〈第 2 章Ⅱ第 4〉

山岸良太「海外における ABS と我が国の弁護士の在り方への影響」

田中智仁（2018）『警備ビジネスで読み解く日本』光文社新書

　—（2009）『警備業の社会学—「安全神話崩壊」の不安とリスクに対す
　るコントロール』明石書店

塚原英治「現代日本の法過程 —— 弁護士法 72 条問題の展開 ——」信山社

　—（2017）

吉川清一（2011）「英国の弁護士制度」日本評論社

あとがき

　本書を脱稿して，改めて，弁護士業務論と法曹人口論は一体不可分なものであることが確認できました。そこで，以下に今後の課題も含めてまとめてみます。

1. 法的判断を要しない業務
　少額大量定型的業務を，弁護士業務にする必要はありません。従来通り弁護士は現場業務に出向く必要は無く，法曹増員の目的ではありません。

2. 法的判断を要する業務
　隣接業務からAI法務まで法的判断を要する業務は，弁護士（法曹）が積極的になすべき業務です。法曹増員の目的であり，今後どの程度必要かを常に検討する必要があります。

3. 法的業務の公益性
　国民が安く良い法的サービスを受けるために，法曹は公益性を保つ必要があり，法的業務分野に利益追及の私企業が参入することを阻止し，市場原理主義を排するべきです。

4. 公共経済学の公共財
　公益を守る法曹の役割は，市場の失敗，及び政府の失敗を是正する公益財の機能と同じものです。

5. 法曹人口の適正化
　弁護士業務の規制を違憲としたドイツ最高裁判決は，弁護士の増員をもたらし，弁護士が従前の隣接業務に参入し，隣接士業を縮小させました。他方，英国では弁護士の法律業務の

127

独占を私企業に解放する自由化政策をとり始めましたが，これは公益性を犯しています。これらを参考に，法曹人口の適正化をしつつ，日本型公共財のあり方を追及すべきです。

6. 隣接士業やAIより優れた能力と権限

隣接士業やAIは法静態学に依拠しています。法曹たる者は，法の進化を実現するために，法動態学の発展をさせることが重要です。これにより，法曹の能力が高められ，権限が強められます。

7. 法曹養成

基礎法学と実定法学の連携を強める，法動態学の教育へ向けて，法科大学院教育や司法試験出題内容は改変されるべきです。

8. 弁護士会の役割

弁護士が公益性を保ち，かつ事務所を運営していくには，業務の拡大，法律扶助の拡大，弁護士保険の発展，裁判の勝訴率の上昇への改革などに向けて，弁護士会がより一層大きな役割を果たすべきです。

　最後に，本書は筆者が代表を務める弁護士法人フェアネス法律事務所全員の分担執筆により完成しましたので，謝辞を述べさせていただくとともに，今後の公益への貢献を忘れずに成長されることを祈念いたします。

（弁護士　遠藤直哉）

〈著者紹介〉

遠藤直哉（えんどう・なおや）
1945年生，弁護士法人フェアネス法律事務所代表弁護士，日本法社会学会・日本私法学会・日本民事訴訟法学会の会員，麻布高校卒，東京大学法学部卒，ワシントン大学ロースクール（LLM），中央大学（法学博士），第二東京弁護士会平成8年度副会長，桐蔭横浜大学法科大学院教授歴任

(主要著書)
『ロースクール教育論』信山社（2000年），『取締役分割責任論』信山社（2002年），『危機にある生殖医療への提言』近代文芸社（2004年），『はじまった着床前診断』はる書房（2005年），『ソフトローによる医療改革』幻冬舎ＭＣ（2012年），「ソフトローによる社会改革」幻冬舎ＭＣ（2012年），『新しい法社会をつくるのはあなたです』アートデイズ（2012年），『ソフトロー・デモクラシーによる法改革』アートデイズ（2014年）

法動態学講座 3

新弁護士業務論

警備業・不動産業・隣接士業との提携
──違法駐車取締からAI法務まで──

2019（平成31）年1月15日　第1版第1刷発行
8143-01011:P148　￥1600E-012-020-005

著　者　遠　藤　直　哉
発行者　今井　貴・稲葉文子
発行所　株式会社　信山社
〒113-0033 東京都文京区本郷6-2-9-102
Tel 03-3818-1019　Fax 03-3818-0344
笠間才木支店 〒309-1611 茨城県笠間市笠間515-3
Tel 0296-71-9081　Fax 0296-71-9082
笠間来栖支店 〒309-1625 茨城県笠間市来栖2345-1
Tel 0296-71-0215　Fax 0296-72-5410
出版契約2019-8143-9-01011　Printed in Japan

©遠藤直哉, 2019　印刷・亜細亜印刷　製本・渋谷文泉閣
ISBN978-4-7972-8143-9 C3332 分類327.005

JCOPY 〈㈳出版者著作権管理機構 委託出版物〉
本書の無断複写は著作権法上での例外を除き禁じられています。複写される場合は，そのつど事前に，（社）出版者著作権管理機構（電話03-5244-5088, FAX 03-5244-5089, e-mail: info@jcopy.or.jp）の許諾を得てください。

―――――― **法動態学講座シリーズ** ――――――

法動態学講座 1

新しい法科大学院改革案　遠藤直哉 著
AI に勝つ法曹の技能―基礎法学と実定法学の連携

法動態学講座 2

新弁護士懲戒論　遠藤直哉 著
為すべきでない懲戒 5 類型 為すべき正当業務型―法曹増員後の弁護士自治

法動態学講座 3

新弁護士業務論　遠藤直哉 編著
警備業・不動産業・隣接士業との提携―違法駐車取締から AI 法務まで

法動態学講座 4

医療と法の新理論　遠藤直哉 編著
医療事故調査制度の適正な活用へ―医療裁判の適正手続化へ

―――――――――――――――――――――

ロースクール教育論　遠藤直哉 著

取締役分割責任論　遠藤直哉 著

―――――――――――――――――――――

現代日本の法過程 ― 宮澤節生先生古稀記念
上石圭一・大塚浩・武蔵勝宏・平山真理 編

ブリッジブック法システム入門（第 4 版）
宮澤節生・武蔵勝宏・上石圭一・菅野昌史・大塚 浩・平山真理 著

法と社会研究　太田勝造・佐藤岩夫 責任編集

民事紛争処理論　和田仁孝 著

民事紛争交渉過程論　和田仁孝 著

和解は未来を創る ― 草野芳郎先生古稀記念
豊田愛祥・太田勝造・林圭介・斎藤輝夫 編

―――――――――― **信山社** ――――――――――